Breakfast & Brunch

Unser Verlagsprogramm finden Sie unter

 www.christian-verlag.de

Produktmanagement: Annemarie Heinel
Textredaktion: Anja Ashauer-Schupp
Korrektur: Petra Tröger
Layout und Satz: Heike Gürtler, Gürtler Design
Umschlaggestaltung:
Caroline Daphne Georgiadis, Daphne Design
unter Verwendung eines Fotos
von Michael Meisen
Repro: Repro Ludwig, Zell am See
Herstellung: Bettina Schippel

Text und Rezepte: Margit Proebst
Fotografie: Michael Meisen, Photography & More
Foodstyling: Jürgen Vondung
Styling: Ann Raab
Requisiten: Ann Raab

Außerdem geht unser herzlicher Dank an Sandra
Azevedo Hartmann von Branco Azul,
www.brancoazul.com, und
Catherine Heinrich von k'tie's, www.k-ties.com.

Printed in Slovenia by Korotan

Alle Angaben in diesem Werk wurden von der
Autorin sorgfältig recherchiert und auf den
aktuellen Stand gebracht sowie vom Verlag
geprüft. Für die Richtigkeit der Angaben kann
jedoch keinerlei Haftung übernommen werden.
Für Hinweise und Anregungen sind wir jederzeit
dankbar. Bitte richten Sie diese an:

Christian Verlag
Postfach 400209
80702 München
E-Mail: lektorat@verlagshaus.de

Die Deutsche Nationalbibliothek verzeichnet diese
Publikation in der Deutschen Nationalbibliografie;
detaillierte bibliografische Daten sind im Internet
über http://dnb.d-nb.de abrufbar.

ISBN 978-3-86244-480-9

Sind Sie auf den Geschmack gekommen? Dann
würde ich Ihnen gerne folgende Bücher ebenso
ans Herz legen:

Sandwich & Toast
Salate & Dressings

Ihre
Margit Proebst

Breakfast & Brunch

100 raffinierte Ideen

CHRISTIAN

Inhalt

Vorwort

In der Hektik des Alltags kommt das Frühstück manchmal zu kurz – umso schöner, wenn sich am Wochenende die ganze Familie am Frühstückstisch versammelt. Wenn sich noch Freunde dazugesellen, weitet man das Frühstück am besten zu einem gemütlichen Brunch aus. Die ursprünglich englische Kombination aus Breakfast und Lunch eignet sich perfekt für entspannte Feste mit Erwachsenen wie Kindern. Man beginnt am späten Vormittag mit Frühstücksgerichten, serviert gegen Mittag kleine warme Köstlichkeiten und lässt den Tag am Nachmittag mit feinen Süßspeisen ausklingen – einfach herrlich! Schmökern Sie in der bunten Auswahl an Genießerrezepten, die sich zu immer neuen Brunch-Büfetts kombinieren lassen. Viel Spaß dabei!

So frühstückt die Welt

Beginnen Sie den Tag gerne mit Tee und Toast? Oder bevorzugen Sie ein Croissant zum Milchkaffee? Vielleicht darf's ja auch ein scharfes Süppchen sein? Frühstücken kann man auf ganz unterschiedliche Weise.

Filterkaffee mit Zucker und Kondensmilch, dazu Brot oder Brötchen mit Butter und Marmelade – so starten viele von uns unter der Woche in den Tag. Wer Herzhaftes bevorzugt, wählt Käse oder Wurst als Belag und lässt sich dazu gelegentlich ein weich gekochtes Ei schmecken. Wie aber frühstückt man in anderen Ländern? Manches, das Sie vielleicht aus dem Urlaub kennen, ist inzwischen auch bei uns heimisch geworden und hat unsere Frühstücksgewohnheiten verändert.

Müesli oder Müsli?

Müsli beispielsweise kommt hierzulande morgens bei vielen auf den Tisch. Ursprünglich stammt es aus der Schweiz: Haferflocken, gemahlene Nüsse und ein geriebener Apfel ergeben ein original Birchermüesli. Mit allerlei anderen Getreideflocken, Trockenfrüchten, ganzen Nüssen und frischem Obst lässt sich ein Müsli ganz nach dem individuellen Geschmack zusammenstellen. Milch, Joghurt oder Fruchtsaft sind weitere Zutaten für diesen nahrhaften Starthelfer in den Tag. Übrigens – unser eingedeutschter Begriff Müsli bringt Schweizer regelmäßig zum Schmunzeln, ist es doch Schwyzerdütsch für »Mäuschen«.

Aus Frankreich kommt bekanntermaßen eine ganz andere Art, den Tag zu beginnen. Dort tunkt man zum *petit déjeuner* genussvoll eine Brioche oder ein Croissant in den Milchkaffee, der zu Hause vorzugsweise in einem *bol*, einer großen henkellosen Schale gereicht wird. Wer's süßer liebt, greift stattdessen zu einem *pain au chocolat*. Für diese süßen Köstlichkeiten finden Sie im ersten Kapitel Rezepte, die Sie bei Gelegenheit mal ausprobieren sollten!

In Italien wird zur *colazione* morgens wenig Aufwand betrieben. Zu Hause gibt es allenfalls einen kleinen Espresso, lieber trinkt man auf dem Weg zur Arbeit schnell einen Cappuccino in einer der unzähligen Bars. Dazu verspeist man eine Brioche, wobei der Begriff in italienischen Bars für jede Art von Hörnchen oder süßem Teilchen steht.

Das *desayuno* in Spanien besteht häufig aus einem schlichten Kaffee mit einem Stück Brot oder ein paar *madalenas* (kleines Biskuitgebäck). Wer unterwegs frühstückt, bestellt in der Bar zum *café con leche* (Milchkaffee) vielleicht ein *crossante* (süßes Hörnchen). Besonders lecker schmeckt es, wenn man es aufschneiden, die Schnittflächen mit Butter bestreichen und auf der *plancha*, einer Grillplatte, die es in nahezu jeder Bar gibt, goldbraun rösten lässt. Eine nicht nur bei Kindern beliebte Festtagsspezialität sind *churros con chocolate*, schmalzgebackene Brandteigstreifen, die in dickflüssige Schokolade getaucht werden.

Portugal ist der Frühstückshimmel für alle Süßschnäbel: Zum *pequeno-almoço* bekommt man dort in den Bars *galão* (Milchkaffee) und *pastéis de nata*, mit zart schmelzender Vanillecreme gefüllte, süchtig machende Törtchen. Kleiner Trost, wenn der Sommerurlaub noch in weiter Ferne ist: Mein Rezept dafür auf Seite 29 kommt dem Original recht nahe.

Lieber pikant

In der Türkei setzt man eher auf Herzhaftes am Morgen: Milder Schafskäse, Oliven und Tomaten sind unabdingbar, dazu Fladenbrot oder *simit*, knusprige Sesamkringel. Sehr beliebt ist auch eine

scharfe Paste aus Chilischoten, Walnüssen und Olivenöl, die mit Minze, Petersilie und Kümmel gewürzt wird. Wer damit nichts anfangen kann, genießt einen sahnigen Joghurt, vorzugsweise aus Schafsmilch, mit frischen Früchten und ein wenig Honig.

Auch in Asien beginnt man den Tag üblicherweise mit etwas Pikantem, spezielle Frühstücksgerichte gibt es nicht. Traditionell verzehrt man beispielsweise in Thailand eine Reissuppe mit Gemüse – meist ebenso scharf wie die anderen Mahlzeiten des Tages. In Indien unterscheidet sich das Frühstück je nach Region, Religionszugehörigkeit und sozialer Klasse. In einfachen indischen Familien stehen häufig Linsen und *naan* (Fladenbrot) auf dem Speiseplan. Gewürztee, Toast und Porridge wurden von den englischen Kolonialherren übernommen und werden bis heute in vielen wohlhabenderen Familien serviert. Auch Rührei oder Omelett, in Ghee gebraten und auf indische Weise mit Curry gewürzt, kommt gelegentlich auf den Frühstückstisch. In Japan startet man gewöhnlich mit einer Schale Reis und Miso-Suppe, einer würzigen Soja-Gemüsesuppe, in den Tag. In asiatischen Großstädten allerdings sind die Frühstücksgewohnheiten seit einigen Jahren im Wandel begriffen: Dort gibt es inzwischen wie überall auf der Welt unzählige

Coffeeshops, in denen Kaffee, Sandwiches, Muffins etc. feilgeboten werden. Speziell junge Leuten nehmen dieses Angebot gerne an und legen dort regelmäßig morgens auf dem Weg zur Arbeit einen kurzen Stopp ein.

England und die USA

Ein typisch englisches Frühstück besteht aus Tee, gerne mit Kandis und Milch oder Sahne, dazu Toast mit Butter und Orangenmarmelade. Auch Porridge, ein warmer Brei aus Haferflocken, erfreut sich großer Beliebtheit. Braucht der Engländer eine kräftige Grundlage für einen harten Arbeitstag, dann isst er *baked beans* (geschmorte weiße Bohnen) mit gebratenen Würstchen, Speck und Spiegeleiern – nicht jedermanns Sache früh am Morgen. In den USA besteht das Frühstück oft aus eher dünnem Filterkaffee und Donuts. Daneben stehen wie in vielen Ländern Eier in verschiedenen Zubereitungen – Spiegeleier, Rühreier oder Omelett – auf dem Speisezettel. Dazu gibt es eine Auswahl an süßen Frühstücksspezialitäten wie *french toast* (eine Art Arme Ritter) und *pancakes* (Pfannkuchen), mit denen Sie auch hierzulande Ihre Brunch-Gäste erfreuen können. Die passenden Rezepte finden Sie im Kapitel »Süß & fruchtig« ab Seite 138.

Basics für ein gemütliches Frühstück

Werktags drängt bei vielen morgens die Zeit: Mehr als ein schneller Kaffee ist da oft nicht drin. Glücklicherweise nehmen sich aber zumindest am Wocnenende die meisten Zeit für ein ausgedehntes, gemütliches Frühstück. Gut so!

Eine gute Grundlage

Eine Auswahl an verschiedenen Brot- und Brötchensorten, dazu vielleicht knusprige Croissants oder Brioches – da greift jeder gerne zu. Genießer lassen es sich nicht nehmen, dafür frische Brötchen beim Bäcker zu holen. Ist der Weg zu weit, so greifen Sie auf Aufbackbrötchen zurück, die es mittlerweile sogar in Bioqualität gibt. Dazu Butter, Honig, Marmelade, Nuss-Nugat-Creme – stellen Sie alles auf den Tisch, was Sie mögen. Wer gerne selber rührt und einkocht, sollte sich auf Seite 26 inspirieren lassen. Superfruchtige, roh gerührte Beerenkonfitüre oder *dulce de leche*, eine süße Milchcreme, könnten die neuen Lieblingsaufstriche in Ihrer Familie werden!

Ei, Ei, Ei

Sonntags ist Zeit für ein Frühstücksei, mit flüssigem Eigelb oder wachsweich gekocht – Sie haben die Wahl. Vielleicht hätten Sie ja auch lieber Eier im Glas, Rühreier oder ein Omelett? Es gibt so viele Möglichkeiten, aus Eiern leckere Frühstücksgerichte zu zaubern, dass ich ihnen ein ganzes Kapitel gewidmet habe (ab Seite 48). Versuchen Sie demnächst mal Eier en cocotte (Seite 56), im Portionsförmchen zubereitete Spiegeleier. Man kann sie nach Lust und Laune mit Speck, Garnelen, Tomaten und allerlei Würzzutaten anreichern und im Backofen garen – sehr zu empfehlen!

Wurst und Käse

Zu einem reichhaltigen Frühstück gehört unbedingt eine Platte mit Schinken, Wurst und Käse. Wer auf sein Gewicht achten muss, wählt magere Putenbrust und fettarme Käsesorten. Mit Tomaten- und Gurkenscheiben garniert sieht das Ganze noch appetitlicher aus. Ein wenig luxuriöser, aber auch in guter Qualität sicher von Zeit zu Zeit erschwinglich, ist Räucherlachs. Richten Sie die Scheiben hübsch auf einem Teller an, legen Sie Zitronenhälften zum Beträufeln dazu und bestreuen Sie ihn mit ein paar Dillspitzen. Das alles muss nicht aus dem teuren Feinkostladen stammen, auch die Frischetheken guter Supermärkte haben oft ein bemerkenswertes Angebot. In Ihrer Familie oder im Freundeskreis gibt es Vegetarier? Auf Seite 34 finden Sie passende Rezepte für pikante Aufstriche. Wer sie nicht selbst zubereiten will, findet im Bioladen fertige Brotaufstriche und, in der Kühltheke, leckere Brotbeläge aus Tofu oder Hülsenfrüchten.

Vitamine, Vitamine

Ein frischer Obstsalat ist immer willkommen. Schälen und schnippeln Sie dafür verschiedene reife Früchte der Saison in mundgerechte Stücke und mischen Sie diese in einer Schüssel. Träufeln Sie sofort ein wenig Zitronen- oder Limettensaft darüber, damit empfindliche Sorten wie Äpfel, Birnen und Bananen nicht so schnell braun werden. Wer mag, süßt mit ein wenig Honig oder Ahornsirup nach. Raffinierten Biss bekommt Ihr Obstsalat mit Walnussstückchen, gehackten Hasel- oder Paranüssen oder gerösteten Mandelstiften. Keine Lust zum Schnippeln? Dann geben Sie doch am Vorabend Tiefkühlbeeren in eine Schüssel und lassen sie über Nacht auftauen. Sie lassen sich anderntags ebenso gut unter das Müsli oder den Joghurt mischen. Ihr Vitamin- und Mineralstoffgehalt ist im Vergleich mit frischem Obst gar nicht schlecht, und lecker sind sie ohnehin. Eine andere Möglichkeit, fruchtige Frische ins Frühstück zu bringen, sind Fruchtsäfte und Smoothies, natürlich am besten frisch gepresst bzw. frisch aufgemixt. Lassen Sie sich von den Ideen auf Seite 142 inspirieren! Wissenswertes darüber, was es außerdem beim Frühstück zu trinken gibt, lesen Sie auf der nächsten Seite.

Frühstücksgetränke

Sie brauchen morgens eine gewisse Dosis Koffein, um in die Gänge zu kommen? Da sind Sie nicht alleine! Kaffee ist bei uns das beliebteste anregende Morgengetränk. Ob Filterkaffee, gebrühter Kaffee aus der französischen Kanne mit Siebeinsatz zum Durchpressen oder Cappuccino aus der italienischen Espressomaschine – jeder hat seine Vorlieben. Immer wichtig aber ist guter Kaffee. Das beste Ergebnis erzielen Sie mit frisch gemahlenem Pulver aus frisch gerösteten Kaffeebohnen. Da nicht jeder ein Kaffeegeschäft um die Ecke oder eine Kaffeemühle zu Hause hat, achten Sie zumindest darauf, bereits gemahlenen Kaffee in einer dicht schließenden Dose aufzubewahren und ihn innerhalb von vier Wochen zu verbrauchen. Er verdirbt zwar nicht, verliert aber nach und nach sein Aroma, und darauf kommt es schließlich an.

Ohne Milch ist Kaffee für Sie ungenießbar? Dann haben Sie die Wahl zwischen Kondensmilch und frischer Milch. Für den Milchschaum auf Cappuccino und Latte macchiato verwende ich Milch mit 1,5 % Fett, weil sie meiner Ansicht nach besser schäumt als Vollmilch. Viele schwören auch auf pasteurisierte H-Milch, deren Geschmack aber nicht jedermanns Sache ist. Für Allergiker unter Ihren Gästen sollten Sie gegebenenfalls Soja- oder Reismilch in petto haben. Wer einen Kaffeevollautomaten besitzt, versorgt seine Gäste nach und nach tassenweise mit dem Kaffee seiner Wahl. Beim Brunch mit vielen Gästen ist es praktischer, eine gewisse Menge Filterkaffee vorzubereiten und in Thermoskannen zu füllen.

Tee und Kakao

Mancher trinkt morgens lieber Tee. Den sollten Sie frisch zubereiten: Für acht Tassen geben Sie 8 TL Teeblätter in eine heiß ausgespülte Kanne und übergießen sie mit gerade nicht mehr kochendem Wasser. Den Tee zugedeckt 2 Minuten ziehen lassen, dann entfaltet das enthaltene Tein eine angenehm anregende Wirkung.

Erfrischung. Beim Brunch darf es auf keinen Fall fehlen. Statt Orangensaft aus der Flasche dürfen Sie auch gerne etwas ausgefallenere Saftmischungen anbieten: Wie wäre es beispielsweise mit einem Mix aus Apfel- und Granatapfelsaft? Oder einer Mischung aus Orangen-, Mango- und Maracujasaft? Besonders leckere Säfte dafür bekommen Sie im Bioladen. Füllen Sie sie in vorgekühlte Krüge und geben Sie Saft-Eiswürfel hinein, für die Sie Apfel- bzw. Orangensaft eingefroren haben. Die kühlen schön, verwässern den Saft aber nicht. Auf den Seiten 142 und 143 finden Sie außerdem vier Rezepte für Smoothies – cremig aufgemixte Fruchtdrinks.

Wein, Bier und Hochprozentiges sind bei einem Brunch unüblich. Sie machen tagsüber eher müde und dämpfen die Stimmung. Ein Gläschen Sekt, Prosecco oder Champagner im Lauf des Nachmittags aber – pur oder gemischt mit Orangen- oder Johannisbeersaft – beschwingt auf angenehme Weise und ist bei vielen willkommen.

Auch eine leichte Bowle ist eine gute Wahl für den Nachmittag: Im Frühjahr und Sommer bietet sich eine gut gekühlte Erdbeerbowle an: Für acht Gläser putzen Sie 500 g reife Erdbeeren, schneiden sie klein und setzen sie mit dem Saft von 1 Zitrone, 2 EL Zucker und nach Belieben 4 EL Orangenlikör in einem Bowlegefäß an. Lassen Sie das Ganze mindestens 1 Stunde an einem kühlen Ort durchziehen. Zum Servieren gießen Sie mit je einer Flasche eisgekühltem Mineralwasser und Sekt oder mit 1,5 l Gingerale auf. Im Herbst und Winter erwärmen Sie für acht Gläser Apfel-Ingwer-Punsch 1,5 l klaren Apfelsaft mit 6–8 Scheiben frischem Ingwer, 2 Zimtstangen, 5 Gewürznelken und 4 grünen Kardamomkapseln und lassen alles 10 Minuten ziehen, aber nicht kochen. Wer mag, kann mit braunem Kandis nachsüßen.

Kinder mögen morgens gerne Kakao. Den wiederum können Sie gut vorbereiten und in einer Thermoskanne bereitstellen. Ein leckeres Milchschaumhäubchen darauf wie beim Cappuccino wird ihre kleinen Gäste erfreuen.

Frisch gepresst und aufgemixt

Schon beim Sonntagsfrühstück im kleinen Kreis ist ein Glas Saft, zum Beispiel frisch gepresster Orangen- oder Grapefruitsaft, eine willkommene

Knusprig gebacken

Was gibt es Besseres zum Kaffee als ein herrlich buttriges Croissant? Oder eine noch ofenwarme und wunderbar duftende Brioche? Da kann kaum einer widerstehen! Auch pikante Schnecken, Hörnchen und Muffins werden begeisterte Abnehmer unter Ihren Brunch-Gästen finden. Raffinierte Rezepte für süße und pikante Aufstriche, die es so nicht zu kaufen gibt, runden dieses Kapitel ab.

Drunter und drüber

Im Alltag kaufen Sie Brötchen und Belag sicher fertig. Fürs Sonntagsfrühstück und den ausgedehnten Brunch mit Freunden aber lohnt es sich, besonderes Gebäck und raffinierte Aufstriche selbst zu machen.

Sie lieben süße Teilchen zum Frühstück? Natürlich bekommt man in vielen Bäckereien Croissants, Rosinenbrötchen und Co. fertig zu kaufen. Dennoch, selber frisch gebacken schmecken sie einfach noch mal so gut! Zudem wird ein köstlicher Duft Ihr Haus durchströmen, der Ihren Gästen schon bei der Ankunft den Mund wässerig macht. Meine Lieblingsrezepte, unter anderem für die mit zart schmelzender Schokolade gefüllten *pains au chocolat*, für saftige Apfel-Zimt-Schnecken und für *pasteis da nata*, die unwiderstehlichen portugiesischen Vanilletörtchen, dürfen in diesem Kapitel deshalb natürlich nicht fehlen. Wenn Sie einiges andere am Vortag vorbereiten, dann ist Selberbacken am Morgen des Brunchs sicher drin.

Kaufen oder selber backen?

Da es mittlerweile auch am Sonntag, dem besten Tag für einen gemütlichen Brunch, fast überall eine Riesenauswahl an leckeren Brot- und Brötchensorten zu kaufen gibt, habe ich im Rezeptteil darauf verzichtet. Was man aber nicht so leicht bekommt, sind frische Bagels (Sie wissen schon, die amerikanischen Brötchen mit dem Loch in der Mitte). Dafür finden Sie das Rezept auf Seite 25. Sie sind aus Hefeteig gemacht, der natürlich Zeit zum Gehen braucht. Wenn Ihnen dafür die Zeit am Morgen fehlt, dann bereiten Sie die Teiglinge schon einige Tage vorher in Ruhe vor und frieren sie ein. So müssen Sie die Bagels am Brunch-Tag nur noch backen. Auch die Schinkenhörnchen von Seite 40 können Sie vorbereiten, tiefkühlen und kurz vor dem Servieren backen. Wer darüber hinaus gerne selber backt,

dem empfehle ich »Brot für Genießer« von Richard Bertinet, erschienen im gleichen Verlag. Da werden alle Fans ausgefallener Brotsorten fündig.

Noch mehr Lust auf frisch gebackene Köstlichkeiten? Im Kapitel »Rund ums Ei« warten ab Seite 68 einige Rezepte für leckere Tartaletts und Quiches auf Sie – immer ein Erfolg beim Brunch!

So viel brauchen Sie

Rechnen Sie pro Person zwei Brötchen und ein süßes Teilchen und halten Sie außerdem etwas Brot (Baguette, Vollkornbrot und rustikales Bauernbrot) bereit, das vielleicht später zum warmen Gericht oder zum Käse gebraucht wird. Wenn Sie unter anderem Muffins, pikant gefüllte Täschchen oder eine Quiche anbieten, dann reduziert sich die benötigte Menge an Brot und Brötchen möglicherweise. Allerdings mag man ja auch nicht zu knapp kalkulieren (die Reste können Sie anschließend prima einfrieren). Bestellen Sie die benötigte Menge an Brot, Brötchen und Gebäck am besten bei Ihrem Lieblingsbäcker vor, dann müssen Sie beim Abholen nicht lange anstehen und laufen nicht Gefahr, dass etwas vergriffen ist.

Füllen Sie Brot, Brötchen und Gebäck hübsch arrangiert in Körbchen und decken Sie diese bis zur Ankunft der Gäste mit einem Küchentuch ab. Brot schmeckt frisch aufgeschnitten am besten. Stellen Sie es deshalb entweder samt Brotmesser auf einem Brett bereit oder schneiden Sie immer nur wenige Scheiben ab und legen diese mit ins Brotkörbchen.

Bleibt am Ende etwas übrig, so können Sie Brot (am Stück) und Brötchen – wie gesagt – gut tiefkühlen. Dabei gilt: Je frischer sie beim Einfrieren waren, desto besser schmecken sie auch nach dem Kälteschlaf. Die Brötchen legen Sie tiefgekühlt aufs Blech und backen sie langsam bei 100 °C im Backofen auf. Brot lassen Sie einfach eingepackt (am besten über Nacht) bei Raumtemperatur wieder auftauen.

Pikantes für drauf

Auf Seite 10 habe ich beschrieben, was man beim Sonntagsfrühstück so alles als Brötchenbelag offerieren kann. Das Gleiche gilt natürlich für den Brunch: Eine Platte mit Schinken und Wurst und ein Brett mit verschiedenen Käsesorten sind immer eine solide Basis. Für eine größere Runde bereiten Sie vielleicht zusätzlich selbst gebeizten Lachs (Rezept Seite 95) oder einen kalten Braten vor (Rezepte ab Seite 98) vor, den Sie nur noch aufschneiden und auf Platten anrichten müssen. Auch ein oder zwei Salate machen sich gut im Brunch-Angebot. Wie Sie ein ausgewogenes, gelungenes Brunch-Büfett zusammenstellen, das für jeden Geschmack etwas bereithält, lesen Sie auf den Seiten 112 und 113. Sehr beliebt bei Freunden herzhafter Genüsse sind würzige Brotaufstriche. Auf Seite 34 und 35 finden Sie Rezepte für vier feine Varianten. Wer wenig Zeit zur Vorbereitung hat, kann stattdessen auf ein breites Angebot an Fertigprodukten zurückgreifen: Italienische, türkische und arabische Läden bieten da eine reiche Auswahl. Und auch in der Frischetheke und im Kühlregal vieler Supermärkte und Bioläden finden sich jede Menge Cremes und Pasten. Füllen Sie sie in hübsche Schälchen und garnieren Sie sie nach Belieben mit passenden Kräutern, Gewürzen oder gehackten Nüssen, fertig.

Süße Aufstriche

Ebenso riesig ist das Angebot an fertigen süßen Brotaufstrichen wie Konfitüren, Fruchtaufstrichen, Schoko- und Nusscremes. Lohnt es sich da überhaupt, selbst zum Kochlöffel zu greifen? Kommt drauf an. Mein Favorit im Frühsommer beispielsweise ist roh gerührte Konfitüre aus frischen reifen Beeren – ein Hochgenuss! Selbst gemacht enthält sie keine unerwünschten Zusatzstoffe, und man kann die Zuckermenge selbst bestimmen (oder mit Honig oder Agavendicksaft süßen). Der Nachteil bei roh gerührten Konfitüren ist, dass sie nur etwa 1 Woche im Kühlschrank haltbar sind. Bereiten Sie also nur kleine Mengen zu, die schnell verzehrt sind.

Eine leckere Alternative zu Butter und Marmelade ist mit Vanillemark und Cranberrystückchen verfeinerte Butter (Rezept Seite 26) – sie schmeckt fabelhaft als Aufstrich für Brioches. Und alle Karamellfans werden Sie lieben, wenn Sie ihnen *dulce de leche*, eine süße Milchcreme, servieren. Dass die Zubereitung dieser südamerikanischen Spezialität ganz einfach ist, müssen Sie ja niemandem verraten.

Croissants

Dieses Rezept für die französischen Hörnchen verdanke ich einer lieben Kollegin – sehr zu empfehlen!

Zubereitung: 1 Stunde
Ruhen: 3 Stunden 40 Minuten
Backen: 20 Minuten
Ergibt 12 Stück

Zutaten

500 g Mehl
Salz
50 g Zucker
300 ml Milch
½ Würfel Hefe (21 g)
300 g Butter
Mehl für die Arbeitsfläche

Das Mehl mit einer großzügigen Prise Salz und dem Zucker in einer Schüssel mischen. Die Milch erwärmen. Die Hefe zerbröckeln und in der Milch unter Rühren auflösen. 50 g Butter schmelzen. Hefemilch und Butter zum Mehl geben und alles rasch mit den Händen (oder den Knethaken des Handrührgeräts) zu einem glatten Teig verkneten. Den Teig in einen großen Gefrierbeutel geben und für mindestens 3 Stunden (oder über Nacht) in den Kühlschrank stellen.

Die übrige Butter zwischen zwei Lagen Klarsichtfolie zu einem Rechteck von 15 x 20 cm ausrollen. Den Hefeteig aus dem Kühlschrank nehmen, kurz durchkneten und auf der bemehlten Arbeitsfläche zu einem Rechteck von 30 x 40 cm ausrollen. Mit Mehl bestauben, die Butterplatte mittig darauflegen und den Hefeteig von den Seiten darüberschlagen. Den Teig zur doppelten Größe ausrollen. Die Seiten zuerst längs bis zur Mitte, dann von oben und unten bis zur Mitte einschlagen. In Frischhaltefolie wickeln und für 30 Minuten kalt stellen.

Den Backofen auf 220 °C vorheizen, ein Blech mit Backpapier belegen. Die Teigplatte auf der bemehlten Arbeitsfläche zu einem Rechteck von 30 x 40 cm ausrollen. Mit einem Teigrädchen (oder einem Messer) in drei Streifen von etwa 13 cm Breite schneiden. Die Streifen jeweils quer und diagonal teilen, sodass zwölf Dreiecke entstehen. Diese von der breiten Seite her aufrollen und zu Hörnchen formen.

Die Croissants mit etwas Abstand auf das vorbereitete Blech legen und 10 Minuten gehen lassen. Im heißen Ofen in etwa 20 Minuten goldbraun backen. Am besten ofenfrisch servieren.

Brioches

Buttrige Brioches, warm aus dem Ofen – was gibt es Besseres zum morgendlichen Milchkaffee?

Zubereitung: 25 Minuten
Ruhen: 1 Stunde 30 Minuten
Backen: 20 Minuten
Ergibt 12 Stück

Zutaten

500 g Mehl, plus Mehl für die
Form
½ TL Salz
4 EL Milch
½ Würfel Hefe (21 g)
4 EL Zucker
300 g Butter, raumtemperiert,
plus Butter für die Form
6 Eier
1 Eigelb
1 EL Milch

▌ Mehl und Salz in eine Schüssel geben und eine Mulde in die Mitte drücken. Die Milch lauwarm erwärmen, Hefe und 1 TL Zucker darin unter Rühren auflösen und in die Mulde gießen. An einem warmen Ort zugedeckt und geschützt vor Zugluft 15 Minuten gehen lassen.

▌ Die Butter und den übrigen Zucker mit dem Handrührgerät schaumig schlagen, nach und nach die Eier unterrühren. Zu dem Mehl und der Hefemilch geben und mit den Knethaken des Handrührgeräts so lange kneten, bis sich der Teig vom Schüsselrand löst. Mit Mehl bestauben und zugedeckt 1 Stunde gehen lassen.

▌ Zwölf Brioche-Förmchen mit 8 cm Durchmesser ausbuttern und mit Mehl bestauben. Den Teig auf der bemehlten Arbeitsfläche mit den Händen durchkneten. Etwa ein Viertel des Teigs abnehmen, den Rest in zwölf Stücke teilen. Jedes Stück zu einer Kugel formen und in ein Förmchen legen. Den übrigen Teig ebenfalls in zwölf Stückchen teilen und zu kleinen Kugeln formen. In jede große Kugel mit dem Finger eine Delle drücken und eine kleine Kugel hineinsetzen. Mit einem Tuch abgedeckt 15 Minuten gehen lassen.

▌ Den Backofen auf 180 °C vorheizen. Eigelb und Milch verquirlen und die Brioches damit bestreichen. Im heißen Ofen etwa 20 Minuten backen.

Lässt sich vorbereiten: Sie können den Brioche-Teig schon am Vorabend zubereiten und zugedeckt über Nacht in den Kühlschrank stellen. Wer keine Brioche-Förmchen besitzt, kann ersatzweise eine Muffinform verwenden.

Pains au chocolat

Zubereitung: 1 Stunde
Ruhen: 3 Stunden 40 Minuten
Backen: 15 Minuten
Ergibt 12 Stück

Zutaten

500 g Mehl, plus Mehl für
die Arbeitsfläche
Salz
50 g Zucker
300 ml Milch
½ Würfel Hefe (21 g)
300 g Butter
2 Tafeln dunkle Schokolade
(mindestens 70 % Kakao)
1 Eigelb
1 EL Milch

▌ Wie auf Seite 19 beschrieben einen Hefeteig her-
stellen. Die ausgerollte Butter darin einschlagen,
beides zu einer Platte ausrollen und kalt stellen.
Den Backofen auf 220 °C vorheizen, ein Blech
mit Backpapier belegen.

▌ Die Teigplatte auf der bemehlten Arbeitsfläche zu
einem Rechteck von 30 x 32 cm ausrollen. Mit
einem Teigrädchen (oder einem Messer) in vier
Streifen von 8 cm Breite schneiden. Aus jedem
Streifen drei Rechtecke schneiden. Jede Rippe
Schokolade längs mit einem Messer halbieren.
Quer auf jedes Rechteck mit etwas Abstand zum
Teigrand eine halbe Rippe Schokolade legen. Die
Teigstreifen von der Schmalseite her nicht zu eng
aufrollen und mit der Naht nach unten aufs Blech
legen. 15 Minuten zugedeckt gehen lassen.

▌ Eigelb und Milch verquirlen. Die *pains au chocolat*
damit bestreichen (die Ränder frei lassen, damit
der Teig schön aufgehen kann!) und im heißen
Ofen in etwa 15 Minuten goldbraun backen.

Rosinenbrötchen

Zubereitung: 15 Minuten
Ruhen: 1 Stunde 15 Minuten
Backen: 20 Minuten
Ergibt 12 Stück

Zutaten

4 EL Milch
100 g Butter
375 g Mehl, plus Mehl für
die Arbeitsfläche
1 Päckchen Trockenhefe
5 EL Zucker
abgeriebene Schale von
1 unbehandelten Zitrone
Salz | 2 Eier
150 g Magerquark
100 g Rosinen
1 Eigelb | 1 EL Milch

▌ Milch und Butter zusammen erwärmen, bis die
Butter geschmolzen ist. Mehl, Trockenhefe,
Zucker, Zitronenschale und eine Prise Salz in
einer Schüssel mischen. Eier, Quark und Milch-
Butter-Mischung dazugeben und alles mit den
Knethaken des Handrührgeräts in etwa 5 Minuten
zu einer glatten Teigkugel verkneten. Mit Mehl
bestauben und zugedeckt an einem warmen,
geschützten Ort 1 Stunde gehen lassen.

▌ Den Teig auf die bemehlte Arbeitsfläche geben
und die Rosinen mit den Händen unterkneten.
Den Teig zu einer Rolle formen, in zwölf Stücke
teilen und jedes zu einem runden Brötchen formen. Ein Blech mit Backpapier belegen, die Rosinenbrötchen mit gutem Abstand darauf verteilen
und mit einem Küchentuch abgedeckt 15 Minuten
gehen lassen.

▌ Den Backofen auf 180 °C vorheizen. Eigelb und
Milch verquirlen und die Rosinenbrötchen damit
bestreichen. Im Ofen etwa 20 Minuten backen.

Sesambagels

Die amerikanischen Kringel erfreuen sich auch hierzulande immer
größerer Beliebtheit.

Zubereitung: 30 Minuten
Ruhen: 1 Stunde 15 Minuten
Backen: 15–18 Minuten
Ergibt 12 Stück

Zutaten

500 g Weizenmehl (Type 550)
2 TL Salz
350 ml Milch
1 Würfel frische Hefe (42 g)
3 EL Zucker
2 TL Natron
etwa 4 EL geschälter Sesam

▌ Mehl und Salz in eine Schüssel geben und eine Mulde hineindrücken. Die Milch lauwarm erhitzen, die Hefe und 1 EL Zucker darin auflösen und in die Mulde gießen. Die Mischung mit ein wenig Mehl bestreuen und den Vorteig 15 Minuten zugedeckt gehen lassen.

▌ Mehl und Vorteig verrühren und dann 5 Minuten kräftig durchkneten; zu einer Kugel formen, mit Mehl bestauben und zugedeckt an einem warmen, zugluftfreien Ort 1 Stunde gehen lassen.

▌ Den Backofen auf 200 °C vorheizen. Zwei Bleche mit Backpapier bedecken. Den Teig in zwölf Stücke teilen und diese zu Kugeln formen. Mit einem Kochlöffelstiel mittig in jede Kugel ein Loch bohren und dieses auf die Größe eines 2-Euro-Stücks erweitern.

▌ In einem Topf 2 l Wasser mit 2 EL Zucker und dem Natron aufkochen. Die Teigkringel vorsichtig hineingleiten lassen und etwa 30 Sekunden blanchieren, bis sie sich leicht aufblähen. Mit dem Schaumlöffel herausheben und mit etwas Abstand auf die Bleche setzen.

▌ Die Bagels mit den Sesamsamen bestreuen und im Ofen in 15–18 Minuten goldbraun backen. Auf einem Kuchengitter abkühlen lassen.

Lässt sich vorbereiten: Die noch ungebackenen Bagels lassen sich prima einfrieren. Die blanchierten Teiglinge auf einem Brett im Tiefkühlfach 1 Stunde vorkühlen und dann in Gefrierbeutel füllen. Am Brunch-Tag tiefgekühlt auf Bleche legen und im vorgeheizten Backofen etwa 20–25 Minuten bei 180 °C backen.

Süße Aufstriche

Cranberry-Vanille-Butter

Die süße Würzbutter mit den aromatischen Fruchtstückchen passt gut zu Brioches oder Croissants.

Zubereitung: 15 Minuten
Ergibt 6 Portionen

Zutaten

120 g Butter
1 EL Puderzucker
1 Vanilleschote
120 g getrocknete Cranberrys
100 ml roter Traubensaft
1 Stück unbehandelte Zitronenschale

Butter und Puderzucker in eine Rührschüssel geben. Die Vanilleschote längs aufschneiden, das Mark herauskratzen und unterrühren. Cranberrys, Traubensaft, ausgekratzte Vanilleschote und Zitronenschale in einem kleinen Topf aufkochen und 2 Minuten bei niedriger Temperatur köcheln lassen. Zugedeckt abkühlen lassen. Die Cranberrys herausnehmen, fein hacken und unter die Butter rühren.

Aprikosen-Orangen-Creme

Ingwer verleiht dem süßen Brotaufstrich eine ungewöhnliche Geschmacksnote.

Zubereitung: 15 Minuten
Ergibt 8 Portionen

Zutaten

1 walnussgroßes Stück frischer Ingwer
200 g Softaprikosen | 200 ml Orangensaft
½ unbehandelte Zitrone
1 EL Agavendicksaft (oder Honig)

Den Ingwer schälen und fein hacken. Die Aprikosen klein würfeln. Beides in einem Topf mit dem Orangensaft aufkochen und bei niedriger Temperatur köcheln lassen, bis die Flüssigkeit verdampft ist. Abkühlen lassen.

Die Zitronenhälfte waschen, die Schale fein abreiben und den Saft auspressen.

Ingwer, Aprikosen, Zitronenschale und Agavendicksaft mit dem Stabmixer pürieren und mit Zitronensaft abschmecken.

Erdbeerkonfitüre

Die roh gerührte Konfitüre ist zwar nicht lange haltbar, schmeckt dafür aber besonders fruchtig.

Zubereitung: 15 Minuten
Ergibt 8 Portionen

Zutaten

500 g reife Erdbeeren
250 g Gelierzucker 2:1

Die Erdbeeren waschen, entkelchen und klein schneiden. Mit dem Zucker in die Schüssel der Küchenmaschine geben und 30 Minuten bei geringer Geschwindigkeit rühren. In Schalen oder Gläser füllen. Hält im Kühlschrank etwa 10 Tage.

Dulce de leche

Nicht nur die Argentinier lieben die süße Milchkonfitüre mit Karamellgeschmack.

Zubereitung: 2 Stunden 30 Minuten
Ergibt 12 Portionen

Zutaten

2 Dosen gezuckerte Kondensmilch (à 400 ml; beispielsweise Milchmädchen)

Die Papierbanderole der Dosen entfernen. Die Dosen in einem Topf mit Wasser bedecken, dieses aufkochen und 2 Stunden 30 Minuten bei niedriger Temperatur kochen lassen.

Regelmäßig prüfen, ob die Dosen noch mit Wasser bedeckt sind, und falls nötig kochendes Wasser nachgießen.

Die Dosen aus dem Wasser nehmen, abkühlen lassen und öffnen. Die Karamellcreme in saubere Schraubgläser umfüllen.

Portugiesische Vanilletörtchen

Es gibt keinen Portugal-Fan, der nicht von *pastéis de nata* schwärmt. Dieses Rezept bringt umgehend Urlaubsstimmung an Ihren Frühstückstisch.

Zubereitung: 15 Minuten
Backen: 18 Minuten
Ergibt 12 Stück

Zutaten

275 g Blätterteig
(aus der Kühltheke)
2 EL Speisestärke
300 ml Milch
200 g Sahne
175 g Zucker
Salz
1 Vanilleschote
6 Eigelb
Butter und Mehl für die Form
Mehl zum Verarbeiten

▌ Die Mulden einer 12er-Muffinform ausbuttern und mit Mehl bestauben. Den Blätterteig auf der bemehlten Arbeitsfläche ausrollen, zwölf Kreise von etwa 9 cm Durchmesser ausstechen und in die Mulden drücken.

▌ Den Backofen auf 220 °C vorheizen. Die Speisestärke mit etwas kalter Milch glatt rühren. Die restliche Milch mit der Sahne, dem Zucker und einer Prise Salz erhitzen. Die Vanilleschote längs aufschneiden, das Mark herauskratzen und samt Schote dazugeben. Die angerührte Stärke einrühren, die Sahnemilch aufkochen und 1 Minute unter Rühren kochen lassen. Vom Herd nehmen.

▌ Die Vanilleschote entfernen und das Eigelb unter die Vanillecreme rühren. Die Creme in ein Gefäß mit Ausgießer füllen, in die Blätterteigschälchen gießen und die Törtchen im Ofen etwa 15 Minuten auf der mittleren Schiene backen. Den Backofengrill zuschalten, die Törtchen oben einschieben und weitere 3 Minuten backen, bis die Oberfläche schön gebräunt ist.

▌ Das Muffinblech aus dem Ofen nehmen. Die Vanilletörtchen 5 Minuten ruhen lassen, aus den Mulden lösen und auf einem Kuchengitter auskühlen lassen.

Tipp: Damit der Teig schön blättrig aufgeht, sollten Sie Teigreste nicht verkneten, sondern übereinanderlegen und so erneut ausrollen.

Apfel-Zimt-Schnecken

Mit diesen selbst gebackenen Schnecken beglücken Sie nicht nur Kinder.

Zubereitung: 30 Minuten
Ruhen: 1 Stunde 15 Minuten
Backen: 30 Minuten
Ergibt 12 Stück

Zutaten

250 g Mehl (Type 550), plus Mehl
zum Verarbeiten
125 ml Milch
½ Würfel frische Hefe (21 g)
3 EL Zucker
Salz
2 EL weiche Butter
1 Ei
2 säuerliche Äpfel
1 gestrichener TL gemahlener Zimt
1 EL Sauerrahm
2 EL gehackte Haselnüsse
(wahlweise 2 EL Rumrosinen)
1 Eigelb
1 EL Milch

▌Das Mehl in eine Schüssel sieben und in die Mitte eine Mulde drücken. Die Milch lauwarm erhitzen, die Hefe und 1 EL Zucker darin auflösen und in die Mulde gießen. Zugedeckt an einem warmen, vor Zugluft geschützten Ort 15 Minuten gehen lassen.

▌Noch 1 EL Zucker, eine Prise Salz, die Butter und das Ei unterrühren und den Teig 5 Minuten kräftig mit einem Holzlöffel schlagen, bis er sich vom Schüsselrand löst. Die Teigkugel mit etwas Mehl bestauben und zugedeckt 45 Minuten gehen lassen.

▌Ein Blech mit Backpapier belegen. Die Äpfel schälen, vom Kerngehäuse befreien und in kleine Stifte schneiden. Den Zimt mit 1 EL Zucker mischen. Den Teig auf der bemehlten Arbeitsfläche zu einem Rechteck von etwa 20 x 30 cm ausrollen und mit Sauerrahm bestreichen. Äpfel, Nüsse oder Rumrosinen und Zimtzucker daraufgeben. Von der Schmalseite her aufrollen und die Rolle in zwölf Scheiben schneiden. Die Schnecken mit etwas Abstand auf das Blech legen und zugedeckt 15 Minuten gehen lassen.

▌Den Backofen auf 180 °C vorheizen. Eigelb und Milch verrühren, die Schnecken damit bestreichen und im Ofen 30 Minuten backen.

Variante: Für zwölf Gorgonzola-Walnuss-Schnecken in die Hefemilch nur 1 TL Zucker geben und den Hefeteig nicht mit Zucker, sondern mit ½ TL Salz zubereiten. Für die Füllung 80 g würzigen Gorgonzola (in Stückchen) und 50 g grob gehackte Walnusskerne verwenden.

Rosmarin-Scones mit Lemon Curd

Rosmarin verleiht den Scones einen mediterranen Touch, der hervorrangend zum zitronigen Aufstrich passt.

Zubereitung: 45 Minuten
Backen: 20 Minuten
Ergibt 20 Stück

Zutaten

Für die Scones

2 Zweige Rosmarin
400 g Mehl, plus Mehl für
die Arbeitsfläche
2 EL Zucker
½ TL Salz
2 TL Backpulver
250 g Sahne
2 EL Milch

Für den Lemon Curd

4–5 unbehandelte Zitronen
4 sehr frische Eier
200 g Puderzucker
50 g Butter

Den Rosmarin waschen, trocken schütteln, die Blätter abzupfen und hacken. Mit Mehl, Zucker, Salz, Backpulver und Sahne verkneten.

Den Backofen auf 220 °C vorheizen, ein Blech mit Backpapier belegen. Den Teig auf der bemehlten Arbeitsfläche 3 cm dick ausrollen und Kreise von 4 cm Durchmesser ausstechen. Auf das Blech legen, mit Milch bepinseln und etwa 20 Minuten im heißen Ofen backen.

Zwei Zitronen heiß abwaschen, abtrocknen und die Schale fein abreiben. Aus den Zitronen 200 ml Saft auspressen. Zitronensaft und -schale in einem Topf mit den Eiern und dem Puderzucker verrühren. Bei niedriger Temperatur unter ständigem Rühren bis knapp unter den Siedepunkt erwärmen (nicht kochen lassen!), bis die Masse dick und schön cremig wird. Die Butter in Flöckchen unterrühren. Den Lemon Curd abkühlen lassen und in ein Glas mit Bügelverschluss oder eine Schale füllen. Als Aufstrich zu den Rosmarin-Scones servieren.

Tipp: Der Lemon Curd hält im Kühlschrank etwa 1 Woche, verliert dabei aber nach und nach ein wenig an Aroma. Also: je frischer, desto besser!

Variante: Sie können die Scones auch mit 2 EL Thymianblättchen und der abgeriebenen Schale von einer unbehandelten Orange aromatisieren.

Pikante Aufstriche

Ziegenkäsecreme

Kräftig schmeckende Oliven, getrocknete Tomaten und Kapern harmonieren perfekt mit dem cremigen Ziegenkäse – sehr lecker auf knusprigem Weißbrot.

Zubereitung: 15 Minuten
Ergibt 6 Portionen

Zutaten

6 schwarze Oliven
4 getrocknete Tomaten
(in Öl + 2 EL Einlegeöl)
1 EL Kapern (aus dem Glas)
4 Zweige Thymian
250 g Ziegenfrischkäse
Pfeffer, frisch gemahlen

▌ Die Oliven entsteinen und klein schneiden. Tomaten und Kapern abtropfen lassen und fein hacken. Den Thymian waschen, trocken schütteln, die Blättchen abstreifen und fein hacken. Ziegenkäse mit Thymian und Tomatenöl verrühren, Oliven, Tomaten und Kapern unterziehen und mit Pfeffer abschmecken.

Schinken-Rucola-Creme

Meerrettichfrischkäse verleiht der Creme eine feine Schärfe, die gut zu herzhaftem Bauernbrot passt.

Zubereitung: 45 Minuten
Ergibt 6 Portionen

Zutaten

1 mehligkochende Kartoffel (etwa 150 g)
100 g roher Schinken
1 Bund Rucola
120 g Meerrettichfrischkäse
Salz
Pfeffer, frisch gemahlen

▌ Die Kartoffel waschen, in Salzwasser in etwa 25 Minuten weich kochen und lauwarm abkühlen lassen. Den Schinken fein würfeln. Den Rucola waschen, trocken schütteln, harte Stiele entfernen und die Blätter fein schneiden.

▌ Die Kartoffel pellen und mit einer Gabel zerdrücken. Meerrettichfrischkäse, Schinken und Rucola unterrühren. Mit Salz und Pfeffer abschmecken.

Pilzcreme

Walnüsse und Parmesan veredeln diesen würzigen Brotaufstrich, der gut zu Vollkorn-toast oder frischem Baguette passt.

Zubereitung: 25 Minuten
Ergibt 6 Portionen

Zutaten

5 g getrocknete Steinpilze
400 g Champignons
2 Schalotten | 1 Knoblauchzehe
3 EL Olivenöl
Salz | Pfeffer, frisch gemahlen
50 g Walnusskerne
2 EL gehackte Petersilie
3 EL frisch geriebener Parmesan
1–2 TL Zitronensaft

▌ Die Steinpilze in warmem Wasser einweichen. Die Champignons putzen und fein hacken. Die Schalotten und den Knoblauch schälen und fein hacken.

▌ Champignons, Schalotten und Knoblauch 5 Minuten bei hoher Temperatur im Öl braten. Die Steinpilze ausdrücken, fein hacken und dazugeben. Salzen, pfeffern und braten, bis alle Flüssigkeit verdampft ist.

▌ Lauwarm abgekühlt mit den Walnüssen pürieren, Petersilie und Parmesan unterrühren. Mit Salz, Pfeffer und Zitronensaft abschmecken.

Kichererbsencreme

Der orientalisch inspirierte Brotaufstrich passt zu Fladenbrot ebenso wie zu Sesambagels.

Zubereitung: 10 Minuten
Ergibt 6 Portionen

Zutaten

1 Dose Kichererbsen (400 g)
1 kleine Knoblauchzehe
2 EL Tahin (Sesampaste)
2 EL Zitronensaft
TL gemahlener Kreuzkümmel
Salz
Cayennepfeffer

▌ Die Kichererbsen in einem Sieb kalt abbrausen und abtropfen lassen. Den Knoblauch schälen und, falls vorhanden, den grünen Trieb entfernen. Beides mit Tahin, Zitronensaft, Kreuzkümmel und je einer kräftigen Prise Salz und Cayennepfeffer fein pürieren. So viel kaltes Wasser untermischen, dass eine streichfähige Masse entsteht.

Thunfisch-Täschchen

Frisch aus dem Ofen, noch lauwarm schmecken die den galizischen *empanadillas* nachempfundenen Blätterteigtäschchen am besten.

Zubereitung: 30 Minuten
Backen: 25 Minuten
Ergibt 12 Stück

Zutaten

2 Dosen Thunfisch in Öl
(à 185 g Abtropfgewicht)
1 Zwiebel
1 Knoblauchzehe
1 große rote Paprikaschote
4–5 Kirschtomaten
2–3 Stängel Petersilie
1 TL Tomatenmark
Salz
Pfeffer, frisch gemahlen
6 rechteckige Scheiben
TK-Blätterteig (450 g)
1 Eigelb
1 EL Milch

Den Thunfisch in einem Sieb abtropfen lassen, dabei 2 EL Thunfischöl auffangen. Die Zwiebel und den Knoblauch schälen und fein hacken. Die Paprikaschote von den Samen und weißen Scheidewänden befreien, waschen und klein würfeln. Die Kirschtomaten waschen und klein schneiden. Die Petersilie waschen, trocken schütteln und die Blätter fein schneiden.

Das Thunfischöl in einer Pfanne erhitzen, Zwiebel, Knoblauch und Tomatenmark darin 1 Minute anbraten. Thunfisch, Paprika und Kirschtomaten unterrühren und 2–3 Minuten braten. Petersilie unterrühren und mit Salz und Pfeffer abschmecken. Zum Abkühlen und Abtropfen in das Sieb geben.

Die Blätterteigscheiben auftauen lassen und teilen, sodass zwölf Quadrate entstehen. Den Backofen auf 200 °C vorheizen (Umluft ist nicht empfehlenswert), ein Blech mit Backpapier belegen. Mittig auf jedes Blätterteigquadrat etwas Füllung geben und eine Ecke diagonal darüberschlagen, sodass Dreiecke entstehen. Die Teigränder mit einer Gabel zusammendrücken, damit die Füllung nicht herausquellen kann.

Die Täschchen mit etwas Abstand auf das Blech legen. Eigelb und Milch verrühren und die Oberfläche damit bestreichen. Im heißen Ofen in etwa 25 Minuten goldbraun backen.

Variante: Für eine Spinat-Mozzarella-Füllung 225 g aufgetauten und grob gehackten TK-Blattspinat mit einer Kugel (125 g) klein gewürfeltem Mozzarella, drei fein geschnittenen Frühlingszwiebeln und 3 EL gerösteten Pinienkernen mischen und kräftig salzen und pfeffern.

Schafskäseecken mit Granatapfelkernen

Zubereitung: 45 Minuten
Backen: 25 Minuten
Ergibt 20 Stück

Zutaten

1 kleiner Granatapfel
2–3 Stängel frische Minze
200 g milder Schafskäse
(beispielsweise Manouri)
Pfeffer, frisch gemahlen
3 EL Butter
5 rechteckige Blätter Filoteig
(etwa 400 g)

▌ Aus dem Granatapfel den Blütenansatz heraus-schneiden und die Frucht in zwei Hälften brechen. Die Granatapfelkerne herauslösen, in einem Sieb abtropfen lassen und die harten weißen Trenn-wände sorgfältig aussortieren. Die Minze waschen und trocken schütteln, die Blätter fein schneiden. Den Schafskäse in eine Schüssel krümeln, kräftig pfeffern und die Minze und die Granatapfelkerne untermengen.

▌ Den Backofen auf 180 °C vorheizen, ein Backblech mit Backpapier belegen. Die Butter schmelzen und 1 EL lauwarmes Wasser unterrühren.

▌ Die Filoteigblätter mit der Küchenschere in 40 etwa 6 cm breite Streifen schneiden. Die Finger mit der Wasser-Butter-Mischung befeuchten und die Teig-streifen damit betupfen. Je zwei Streifen aufeinan-derlegen und auf das untere Ende jeweils 1 EL Schafskäsemischung geben.

▌ Für das erste Täschchen das Teigende diagonal so nach rechts über die Füllung zum Dreieck fal-ten, dass es bündig mit dem rechten Rand des Teigstreifens abschließt. Das so entstandene gefüllte Dreieck nach oben auf den Teigstreifen klappen. Das neu entstandene Dreieck diagonal nach links klappen. Die gefüllte Ecke bis zum Ende des Teigstreifens weiter abwechselnd jeweils nach links oder rechts oben klappen, sodass ein dreieckiges Täschchen entsteht. Auf diese Weise 20 Täschchen vorbereiten.

▌ Die Täschchen mit etwas Abstand und mit der Naht nach unten auf das Blech legen. Mit der übrigen Butter-Wasser-Mischung einpinseln und im heißen Ofen in etwa 25 Minuten goldbraun backen. Lauwarm oder abgekühlt servieren.

Schinkenhörnchen

Der Quark-Butter-Teig ist ganz einfach zubereitet und vielseitig einsetzbar.

Zubereitung: 30 Minuten
Backen: 20 Minuten
Ergibt 12 Stück

Zutaten

Für den Teig
200 g Magerquark
200 g Mehl (Type 550), plus
Mehl für die Arbeitsfläche
200 g kalte Butter
⅛ TL Salz
Zucker

Für die Füllung
1 Zwiebel
1 EL neutrales Öl
Salz
getrockneter Thymian
150 g roher Schinken
(beispielsweise Schwarz-
wälder Schinken)
1 Eigelb
1 EL Milch

Den Quark in einem Sieb gut abtropfen lassen. Das Mehl auf die Arbeitsfläche sieben und mit der klein gewürfelten Butter, dem Salz, einer Prise Zucker und dem Quark zu einem glatten Teig verkneten. In Frischhaltefolie wickeln und kalt stellen.

Inzwischen für die Füllung die Zwiebel schälen, fein würfeln und im Öl glasig schwitzen; salzen und eine kräftige Prise getrockneten Thymian dazugeben. Abkühlen lassen. Den Schinken fein würfeln und untermischen.

Den Backofen auf 180 °C vorheizen, ein Blech mit Backpapier belegen. Den Teig auf der bemehlten Arbeitsfläche zu einem Rechteck von 40 x 20 cm ausrollen und in zwei Streifen teilen. Jeden Streifen in sechs spitzwinklige Dreiecke schneiden. Auf die breite Seite eines jeden Dreiecks etwas Füllung geben und dieses von der breiten Seite zur Spitze hin aufrollen. Mit etwas Abstand auf das Blech legen. Eigelb und Milch verrühren, die Hörnchen damit bestreichen und mit getrocknetem Thymian bestreuen. Im heißen Ofen etwa 25 Minuten backen.

Variante: Für zwölf orientalische Mandelhörnchen den Teig mit 2 EL Zucker und einer kleinen Prise Salz zubereiten. 150 g gemahlene Mandeln mit 2 EL Puderzucker, 3 EL Orangenblütenwasser und ¼ TL gemahlenem Kardamom vermischen und die Hörnchen damit füllen. Unbestrichen backen und abgekühlt mit Puderzucker bestauben.

Kräuter-Walnuss-Muffins

Zubereitung: 25 Minuten
Backen: 25 Minuten
Ergibt 12 Stück

Zutaten

80 g Walnusskerne
30 g Parmesan
1 Bund Basilikum
1 Zweig Rosmarin
3 Zweige Thymian
200 g Mehl
2 TL Backpulver
⅔ TL Salz
½ TL frisch gemahlener Pfeffer
80 ml neutrales Öl
2 Eier | 200 g Sauerrahm

▌ Zwei Drittel der Walnüsse im Blitzhacker fein zerkleinern, den Rest grob hacken. Den Parmesan reiben. Die Kräuter waschen, trocken schütteln und die Blätter fein hacken.

▌ Den Backofen auf 180 °C vorheizen, Papierförmchen in die Mulden einer 12er-Muffinform geben. Das Mehl mit dem Backpulver, den geriebenen und den gehackten Walnüssen, dem Parmesan, den Kräutern sowie Salz und Pfeffer mischen.

▌ Das Öl, die Eier und den Sauerrahm verquirlen und unter die Mehlmischung heben (nicht zu lange rühren, damit die Muffins schön locker werden!). Den Teig in die Förmchen geben und im heißen Ofen etwa 25 Minuten backen. Die Muffins etwas abkühlen lassen, aus den Mulden lösen und auf einem Kuchengitter auskühlen lassen.

Speck-Dattel-Muffins

Zubereitung: 25 Minuten
Backen: 25 Minuten
Ergibt 12 Stück

Zutaten

100 g geräucherter Bauchspeck
(ohne Schwarte)
80 g Datteln
2 Frühlingszwiebeln
50 ml + 1 TL neutrales Öl
2 EL Sherry medium
(ersatzweise Apfelsaft)
Pfeffer, frisch gemahlen
200 g Mehl
2 TL Backpulver
1 TL gemahlener Kreuzkümmel
½ TL Salz
200 g Vollmilchjoghurt
2 Eier

▌ Den Speck fein würfeln. Die Datteln entsteinen und ebenso klein würfeln. Die Frühlingszwiebeln putzen und waschen. Die weißen und grünen Teile getrennt in feine Ringe schneiden.

▌ Speck und weiße Frühlingszwiebeln in 1 TL Öl anbraten, die Datteln hinzufügen. Mit Sherry ablöschen und vollständig einkochen lassen. Kräftig pfeffern und abkühlen lassen.

▌ Den Backofen auf 180 °C vorheizen, Papierförmchen in die Mulden der Muffinform geben. Mehl mit Backpulver, Kreuzkümmel und Salz mischen. 50 ml Öl, den Joghurt und die Eier verquirlen. Die Speckmischung und das Frühlingszwiebelgrün unterrühren.

▌ Die feuchte Mischung schnell unter die Mehlmischung heben (nicht zu lange rühren, damit die Muffins schön locker werden) und den Teig in die Förmchen geben. Im heißen Ofen etwa 25 Minuten backen. Etwas abgekühlt aus den Mulden lösen und auf einem Kuchengitter auskühlen lassen.

Pikante Mini-Panettoni

In Tontöpfchen gebacken eignen sich die würzigen Kuchen auch wunderbar als dekoratives Mitbringsel zur Brunch-Einladung.

Zubereitung: 30 Minuten
Ruhen: 1 Stunde 10 Minuten
Backen: 25 Minuten
Ergibt 8 Stück

Zutaten

500 g Mehl (Type 550)
1 Würfel Hefe (42 g)
1 TL Zucker
250 ml lauwarme Milch
2 EL Pinienkerne
80 g Parmaschinken (ersatzweise
ein anderer luftgetrockneter
Schinken)
12 schwarze Oliven
8 getrocknete Tomaten (in Öl)
4–5 Zweige Thymian
100 g weiche Butter
2 Eier
1 TL Salz

▌ Das Mehl in eine Schüssel sieben und eine Mulde in die Mitte drücken. Hefe und Zucker in der Milch auflösen und in die Mulde gießen. An einem warmen Ort zugedeckt und vor Zugluft geschützt 15 Minuten gehen lassen.

▌ Inzwischen die Pinienkerne rösten und abkühlen lassen. Den Schinken klein würfeln. Die Oliven entsteinen und fein würfeln. Die Tomaten abtropfen lassen und klein schneiden. Den Thymian waschen, trocken schütteln, die Blättchen abstreifen und hacken.

▌ Mehl und Hefelösung mit den Knethaken des Handrührgeräts (oder in der Küchenmaschine) 2 Minuten verkneten. Butter, Eier, Salz und Thymian hinzufügen und 3 Minuten weiterkneten, bis eine glänzende Teigkugel entsteht.

▌ Pinienkerne, Schinken, Oliven und Tomaten zum Teig geben und mit einem Holzlöffel unterschlagen, bis alles gut verteilt ist. Den Teig mit Mehl bestauben und zugedeckt 45 Minuten gehen lassen (warmer Ort, keine Zugluft).

▌ Den Backofen auf 180 °C vorheizen. Acht Tontöpfchen mit 7 cm Durchmesser auswaschen, abtrocknen und mit Backpapierstreifen auskleiden. Den Teig in acht Stücke teilen, diese zu Kugeln formen, in die Töpfchen drücken und zugedeckt erneut 10 Minuten gehen lassen. Auf einem Blech im Ofen etwa 25 Minuten backen.

Tipp: Sie können aus dem Teig auch in einer 12er-Muffinform noch kleinere Panettoni backen.

Rund ums Ei

Eier sind seit jeher ein beliebter Teil des Alltagsfrühstücks. Ob weiches Ei, Spiegelei oder Rührei – damit lässt sich gut gestärkt in den Tag starten. Obendrein kann man aus Eiern, kombiniert mit weiteren Zutaten, allerlei Köstlichkeiten wie italienische Frittate, spanische Tortillas und französische Quiches zubereiten. Verwöhnen Sie Ihre Gäste beim Sonntagsbrunch mit allem, was das Ei so bietet – langweilig wird es nie.

Eine (fast) runde Sache

Eier sind beliebt bei Groß und Klein. Mit den Rezepten auf den nächsten Seiten können Sie mit wenig Aufwand die unterschiedlichsten feinen Gerichte daraus zaubern.

Neben Eiweiß enthalten Eier eine ganze Reihe von Vitaminen und Mineralstoffen. Das macht sie zu einem wertvollen Beitrag zur gesunden Ernährung. Einzig ihr hoher Choleringehalt steht häufig in der Kritik. Nach neuesten Studien allerdings darf, wer nicht ernsthafte Probleme mit einem erhöhten Cholesterinspiegel hat, sie sich ohne Bedenken schmecken lassen.

Sind die mit der braunen Schale vielleicht besonders gesund? Nein, ob braune oder weiße Schale spielt für Aroma oder Inhaltsstoffe keine Rolle, die Farbe hängt von der Hühnerrasse ab. Durchaus von Bedeutung ist aber, wie gut oder schlecht die Tiere gehalten und gefüttert wurden, denn dies ist nicht nur eine Frage des Tierschutzes, sondern beeinflusst auch den Wohlgeschmack. An folgenden auf das Ei gestempelten Zahlen können Sie die Haltungsbedingungen der Hühner ablesen: 0 steht für Bioeier, 1 für Freilandhaltung und 2 für Bodenhaltung. Wer es noch genauer wissen möchte, gibt die aufgedruckte Kennzahl bei www.was-steht-auf-dem-ei.de ein. Dort erfahren Sie sogar, von welchem Hof Ihr Frühstücksei stammt.

Eier sind durch ihre Kalkschale gut geschützt und halten deshalb auch ungekühlt 2–3 Wochen. Falls sie aber durch Salmonellen infiziert sind (was man leider nicht sehen kann), vermehren diese sich in der Wärme rasant. Bewahren Sie Eier deshalb im Kühlschrank auf; dort halten sie bis zu 4 Wochen.

Um zu erkennen, wie frisch das Ei ist, legen Sie es in kaltes Wasser. Wenn es quer auf dem Boden liegen bleibt, ist es ganz frisch, denn die Luftkammer im Ei ist klein. Das stumpfe Ende hebt sich deutlich nach oben? Dann ist die Luftkammer im Ei schon größer und sorgt für Auftrieb. Dieses Ei besser nicht mehr fürs Frühstücksei verwenden, sondern vollständig durchgaren. Für Spiegeleier und weiche Eier, bei denen das Eigelb nicht mindestens 7 Minuten lang über 70 °C erhitzt wird, nehmen Sie unbedingt frische Eier. Schon länger aufbewahrte verwenden Sie für hart gekochte Eier oder zum Backen.

Noch ein Test: Sie haben versehentlich gekochte und rohe Eier vermischt? Versetzen Sie sie in eine Kreiselbewegung. Eier, die sich schnell drehen, sind gekocht, diejenigen, die sich langsam und torkelnd drehen, sind roh.

Mit viel Gefühl

Kennen Sie den Loriot-Cartoon, in dem Knollennasen-Frau auf die Frage von Knollennasen-Mann, ob das Ei denn wirklich 5 Minuten gekocht habe, antwortet: »Eine Hausfrau hat das im Gefühl!« Das Ei war hart. Das Missverständnis perfekt. Der Krach folgte auf dem Fuße.

Bei Eiern ist Kochen nach Gefühl tatsächlich nicht ratsam, weil man ihnen den Gargrad nicht ansieht. Wer ein weiches Ei möchte, der sollte auf die Uhr sehen und es 5 Minuten im kochenden Wasser garen. Für ein wachsweiches Ei belassen Sie es 6–7 Minuten im kochenden Wasser, hart gekocht ist es nach etwa 10 Minuten.

Damit die Eier beim Kochen heil bleiben, sollten Sie vorher ein Loch hineinpiksen, und zwar an der stumpfen Seite. Darunter nämlich verbirgt sich eine Luftblase, die sich beim Einlegen ins kochende Wasser ausdehnt und die Eierschale zum Platzen bringen kann. Unsere Großmütter haben uns außerdem gelehrt, die Eier nach dem Kochen kalt abzuschrecken, damit sie sich besser pellen lassen. Bringt das was? Nein, nicht wirklich. Von superfrischen Eiern lässt sich die Schale eher schwer ablösen, bei länger gelagerten ist das Schälen, kalt abgeschreckt oder nicht, kein Problem.

Das perfekte Rührei

Goldgelb glänzend und saftig – so muss ein perfektes Rührei sein. Doch wie bereitet man es richtig zu bzw. was ist falsch gelaufen, wenn es trocken und fahlgelb geworden ist? Das Geheimnis liegt in der Geduld der Zubereitung: Die Eier mit einer Gabel verquirlen, aber nicht schaumig schlagen, und nach Geschmack würzen. Wer mag, kann ein wenig Milch oder Sahne hinzufügen. Etwas Butter bei schwacher Hitze in einer beschichteten Pfanne schmelzen lassen und die Eier hineingießen. Nun dauert es ein wenig, bis das Ei am Pfannenboden zu stocken beginnt. Dann die Masse immer wieder sachte mit einem Holz- oder Silikonspatel zusammenschieben und weiter stocken lassen. Wenn das Ei fest geworden ist, aber an der Oberfläche noch leuchtend gelb und feucht glänzend ist, auf Teller verteilen und sofort servieren.

Omelett, Tortilla, Frittata

Ob in Frankreich, Italien oder Spanien – Eier gab es dort besonders in den ländlichen Regionen immer reichlich. Und so verwundert es nicht, dass überall Rezepte entstanden sind, die die wertvollen Eiweißträger enthalten. Was in Frankreich das Omelett, ist in Spanien die Tortilla und in Italien die Frittata: ein preiswertes, nahrhaftes Eiergericht, das schnell gemacht und unglaublich wandelbar ist. Schinken oder Speck, Garnelen oder Fisch, Kartoffeln oder Gemüse – kaum eine Zutat, die nicht zu Eiern passt. Selbst für viele Süßspeisen sind Eier unverzichtbar:

Ab Seite 139 finden Sie Rezepte für süße Pfannkuchen, Toasts und Waffeln. Und auch der Orangentorte aus dem südspanischen Valencia verleiht eine Creme aus Eiern, Orangensaft und Butter ihr unvergleichliches Aroma.

Quiche oder Tarte?

Was ist eigentlich der Unterschied? Es gibt keinen eindeutigen, die beiden Begriffe werden oft synonym verwendet. Ursprünglich mal war eine Tarte eher süß und in der flachen Form mit gewelltem Rand gebacken, eine Quiche war rund oder eckig und eher pikant. Aber längst gibt es auch in Frankreich, dem Herkunftsland dieser beliebten Kuchen, *tartes salées*, also gesalzene, sprich herzhafte Tartes.

Einerlei, meist jedenfalls gießt man vor dem Backen eine sogenannte *royale* darüber, eine verquirlte Mischung aus Eiern und Sahne oder Crème fraîche. Damit dieser Eierguss nicht nur den Belag vor dem Austrocknen schützt, sondern auch Geschmack hat, würzt man mit Salz und Pfeffer. Ich füge außerdem gerne ein wenig geröstetes Sesamöl hinzu, das intensiviert das Aroma.

Kerbelrührei im Lachskleid

Zubereitung: 20 Minuten
Ergibt 4 Portionen

Zutaten

200 g Räucherlachs in Scheiben
6 Eier
3 EL Sahne
1 EL geröstetes Sesamöl
Salz
Cayennepfeffer
1 Handvoll Kerbel
1 EL Butter

▌ Die Lachsscheiben so in vier Förmchen à 150 ml legen, dass sie am Rand überlappen und später die Füllung umhüllen.

▌ Für das Rührei die Eier mit der Sahne und dem Sesamöl verquirlen und mit Salz und Cayennepfeffer würzen. Den Kerbel waschen, trocken tupfen und ein paar hübsche Zweiglein für die Dekoration beiseitelegen. Die restlichen Kerbelblättchen von den Stielen zupfen und grob hacken.

▌ Die Butter in einer Pfanne bei geringer Temperatur zerlassen und die Eiermasse darin unter ständigem Rühren stocken lassen. Den Kerbel aufstreuen und untermengen. Lauwarm abkühlen lassen.

▌ Das Kerbelrührei in die mit Lachs ausgekleideten Formen füllen. Den Lachs darüberschlagen und andrücken. Zum Anrichten auf Tellerchen stürzen und mit dem Kerbel garnieren. Dazu schmecken gebutterte Sesambagels (siehe Seite 25).

Trüffelrührei

Zubereitung: 10 Minuten
Ruhen: 30 Minuten
Ergibt 4 Portionen

Zutaten

8 Eier
1 Périgord-Trüffel (etwa 50 g)
Salz
Pfeffer, frisch gemahlen
2 EL Butter

▌ Die Eier in eine Schüssel schlagen, die Trüffel dazulegen und zugedeckt 30 Minuten beiseitestellen, damit die Eier das Aroma der Trüffel annehmen. Die Trüffel herausnehmen und abreiben.

▌ Die Eier salzen und pfeffern und mit einer Gabel verquirlen. Die Butter in einer Pfanne aufschäumen, die Eier hineingeben und bei geringer Temperatur langsam stocken lassen. Die Trüffel fein darüberhobeln und die Eiermasse mit einem Pfannenwender immer wieder zusammenschieben. Das noch feucht glänzende Rührei auf vier Teller verteilen und mit gebuttertem Toast servieren.

Eier im Glas mit Räucherforelle

Zubereitung: 15 Minuten
Ergibt 8 Portionen

Zutaten

8 Eier
200 g Räucherforellenfilets
(ohne Haut)
6 kleine Kirschtomaten
1 Frühlingszwiebel
Pfeffer, frisch gemahlen
50 g Forellenkaviar
2 EL Schnittlauchröllchen
(nach Belieben)

▌ Die Eier anpiksen, in kochendes Wasser legen und in etwa 5 Minuten weich kochen.

▌ Inzwischen die Forellenfilets klein würfeln. Die Kirschtomaten waschen und klein schneiden, dabei den Stielansatz entfernen. Die Frühlingszwiebel putzen, waschen und in feine Ringe schneiden. Alles vermengen, mit Pfeffer würzen und auf acht Gläschen verteilen.

▌ Die Eier kalt abschrecken, pellen und auf die Forellenmischung legen. Jedes Ei ein wenig öffnen, sodass der weiche Dotter sichtbar wird, und mit einem Teelöffel Forellenkaviar bekrönen. Nach Belieben mit Schnittlauchröllchen garnieren und sofort warm servieren.

Eier im Glas mit Radieschensalat

Zubereitung: 15 Minuten
Ergibt 4 Portionen

Zutaten

6–8 Radieschen
1 Kästchen Kresse
½ Bund Schnittlauch
Salz
Pfeffer, frisch gemahlen
1 EL Weißweinessig
1 TL mittelscharfer Senf
2 EL Rapsöl
8 Eier

▌ Die Radieschen waschen und in feine Stifte schneiden. Ein paar frische grüne Radieschen zurücklegen. Die Kresse vom Beet schneiden. Den Schnittlauch waschen, trocken schütteln und in feine Röllchen schneiden.

▌ Je eine kräftige Prise Salz und Pfeffer mit dem Essig, Senf und Öl verrühren. Radieschenstifte, Kresse und Schnittlauch untermengen.

▌ Die Eier anpiksen, in kochendes Wasser geben und in etwa 5 Minuten weich kochen, dann kalt abschrecken und pellen.

▌ Jeweils zwei Eier in ein Glas geben und den Radieschensalat darauf verteilen. Mit Radieschenblättern garnieren und sofort warm servieren. Dazu schmecken Sesambagels oder -brötchen.

Krabbenomelett mit Frühlingszwiebeln

Ob kleine Nordseekrabben oder größere Garnelen – ein feines Omelett damit ist schnell gemacht und ein wertvoller, eiweißreicher Start in den Tag.

Zubereitung: 10 Minuten
Ergibt 2 Portionen

Zutaten

2 Frühlingszwiebeln
4 Eier
Salz
1 EL Butter
100 g gegarte Nordseekrabben oder
Garnelen (aus der Kühltheke)

▌ Die Frühlingszwiebeln putzen, waschen und in sehr feine Ringe schneiden. Die Eier in einer Schüssel mit einer kräftigen Prise Salz verquirlen, aber nicht schaumig schlagen.

▌ Die Butter in einer beschichteten Pfanne bei mittlerer Temperatur aufschäumen. Die verquirlten Eier hineingeben und durch Schwenken in der Pfanne verteilen, 2 Minuten stocken lassen.

▌ Garnelen und Frühlingszwiebeln aufstreuen, 2 Minuten erwärmen und das Ei weiter stocken lassen. Sobald die Masse an der Oberfläche fest zu werden beginnt, die Pfanne so nach vorne schwenken, dass sich das Omelett nach und nach über die Garnelen und Frühlingszwiebeln legt. Es ist fertig, wenn die Außenseite goldgelb und das Innere schön saftig ist. Auf einen Teller gleiten lassen und in zwei Hälften teilen. Dazu schmeckt Buttertoast oder Vollkornbrot.

Variante: Für ein Omelett mit Pfifferlingen und Tomaten 150 g kleine Pfifferlinge putzen. Eine Strauchtomate überbrühen, enthäuten, halbieren, von den Samen befreien und fein würfeln. Zwei Stängel Petersilie waschen, trocken schütteln und die Blätter fein schneiden. Die Pilze in 1 EL Butter 2 Minuten braten, salzen, pfeffern und die Petersilie untermischen. Das Omelett wie beschrieben zubereiten, dabei nach 2 Minuten Garzeit statt Garnelen und Frühlingszwiebeln Pilze und Tomatenwürfel auf die stockende Eiermasse streuen.

Eier en cocotte

Speck-Tomaten-Ei

Zubereitung: 25 Minuten
Ergibt 4 Portionen

Zutaten

2 TL Butter | 4 Schalotten | 100 g geräucherter Speck (ohne Schwarte) | 2 Tomaten
Salz | Pfeffer, frisch gemahlen | 4 Eier

Den Backofen auf 160 °C vorheizen, vier ofenfeste Förmchen mit je ½ TL Butter ausstreichen. Die Schalotten schälen und fein schneiden.

Den Speck klein würfeln. Die Tomaten waschen, quer halbieren, von den Samen befreien und fein würfeln.

Speck und Schalotten in einer kleinen Pfanne 2 Minuten anbraten, salzen und pfeffern und zusammen mit den Tomatenwürfeln auf die Förmchen verteilen. In die Mitte jeweils eine Mulde drücken und ein Ei hineinschlagen. Zugedeckt im Ofen 15 Minuten garen.

Schinken-Lauch-Ei

Zubereitung: 25 Minuten
Ergibt 4 Portionen

Zutaten

4 TL Butter | 1 dünne Stange Lauch
Salz | Pfeffer, frisch gemahlen
1 TL getrockneter Thymian
120 g gekochter Schinken | 4 Eier

Den Ofen auf 160 °C vorheizen, vier ofenfeste Förmchen mit je ½ TL Butter fetten.

Die Lauchstange längs halbieren, waschen und quer in Streifen schneiden. 2 TL Butter in einer Pfanne zerlassen, der Lauch darin anschwitzen und mit Salz, Pfeffer und Thymian würzen.

Den Schinken in Streifen schneiden und mit dem Lauch in die Förmchen geben. In die Mitte jeweils eine Mulde drücken und ein Ei hineinschlagen. Zugedeckt im Ofen etwa 15 Minuten garen.

Spinat-Schafskäse-Ei

Zubereitung: 25 Minuten
Ergibt 4 Portionen

Zutaten

4 TL Butter | 1 kleine Zwiebel
1 Knoblauchzehe (nach Belieben)
120 g TK-Blattspinat (aufgetaut)
Salz | Pfeffer, frisch gemahlen
Muskatnuss, frisch gerieben
50 g Feta | 4 Eier

Den Backofen auf 160 °C vorheizen, vier
ofenfeste Förmchen mit je ½ TL Butter
ausstreichen.

Zwiebel und Knoblauch, falls verwendet,
schälen, fein hacken und in 2 TL Butter
glasig schwitzen. Den aufgetauten Spinat
ausdrücken, mit Salz, Pfeffer und Muskatnuss würzen und untermischen.

Die Mischung in die Förmchen geben,
den Schafskäse darüberbröseln. Jeweils
in die Mitte eine Mulde drücken und ein
Ei hineinschlagen. Zugedeckt im Ofen
15 Minuten garen.

Erbsen-Garnelen-Ei

Zubereitung: 25 Minuten
Ergibt 4 Portionen

Zutaten

120 g TK-Erbsen | 4 TL Butter
3 Frühlingszwiebeln | 1–2 Stängel Estragon
150 g gegarte Garnelen (aus der Kühltheke)
Salz | Pfeffer, frisch gemahlen | 4 Eier

Die Erbsen antauen lassen. Den Backofen auf 160 °C vorheizen, vier ofenfeste
Förmchen mit je ½ TL Butter ausstreichen.

Die Frühlingszwiebeln putzen, waschen
und in feine Ringe schneiden. Den Estragon waschen, trocken schütteln, die
Blätter grob hacken. 2 TL Butter in einer
Pfanne erhitzen. Frühlingszwiebeln und
Erbsen darin 2 Minuten anbraten. Garnelen und Estragon untermengen, salzen
und pfeffern. Die Mischung in die Förmchen geben, jeweils in die Mitte eine
Mulde drücken und ein Ei hineinschlagen.
Zugedeckt im Ofen 15 Minuten garen.

Eier nach Flamenco-Art

Das Gericht aus dem Süden Spaniens verführt mit ein wenig Schärfe und einem kräftigen Knoblaucharoma.

Zubereitung: 40 Minuten
Ergibt 4 Portionen

Zutaten

100 g TK-Erbsen
4 Strauchtomaten
1 große Zwiebel
1–2 Knoblauchzehen
1 große rote Chilischote
100 g Serranoschinken
(2 dicke Scheiben)
4 EL Olivenöl
Salz
Pfeffer, frisch gemahlen
100 g Chorizo
4 Eier

▌ Die Erbsen auf einen Teller geben und antauen lassen. Die Tomaten überbrühen, enthäuten und die Samen entfernen. Das Fruchtfleisch klein würfeln. Zwiebel und Knoblauch schälen und fein hacken. Die Chilischote längs aufschneiden, von den Samen befreien, waschen und fein schneiden. Den Schinken fein würfeln.

▌ Den Backofen auf 180 °C vorheizen. Das Öl in einer großen Pfanne (mit ofenfestem Griff) erhitzen. Zwiebel, Knoblauch und Chili darin 2 Minuten unter Rühren anbraten. Schinken und Tomaten dazugeben und 1 Minute braten. Alles leicht salzen und pfeffern und 10 Minuten bei schwacher Hitze zugedeckt schmoren lassen.

▌ Inzwischen die Chorizo enthäuten und in Scheiben schneiden. Mit den Erbsen unter die Tomatenmischung mengen und alles in der Pfanne verteilen. Mithilfe eines Esslöffels vier Mulden eindrücken und in jede vorsichtig, sodass das Eigelb nicht verletzt wird, ein Ei schlagen. Die Pfanne in den Backofen stellen und die Eier in etwa 12 Minuten stocken lassen. Warm mit Weißbrot servieren.

Serviertipp: Für Gäste können Sie die Mischung auch in vier ofenfeste Tonschälchen geben, jeweils ein Ei hineinschlagen und im Ofen stocken lassen.

Bricks aux œufs

Thunfisch, Kapern und Parmesan geben den auf tunesische Art zubereiteten Knuspertäschchen mit dem weich fließenden Eigelb die rechte Würze.

Zubereitung: 40 Minuten
Ergibt 6 Portionen

Zutaten

1 Dose Thunfisch in Öl
(185 g Abtropfgewicht)
2 EL Kapern (aus dem Glas)
2 Frühlingszwiebeln
½ Bund Petersilie
1 EL Öl
Salz
Pfeffer, frisch gemahlen
6 Eier
3 Blätter Filoteig (etwa 27 cm Ø)
6 TL frisch geriebener
Parmesan
Salz
1 Zitrone
neutrales Öl zum Braten

▌ Den Thunfisch in einem Sieb abtropfen lassen. Die Kapern ebenfalls abtropfen lassen. Die Frühlingszwiebeln putzen, waschen und fein schneiden. Die Petersilie waschen, trocken schütteln, die Blätter fein hacken. 1 EL Öl in einem Topf erhitzen und diese Zutaten darin 1 Minute garen, kräftig pfeffern und abkühlen lassen.

▌ Ein Ei trennen, Eigelb und Eiweiß jeweils in eine Tasse geben. Darauf achten, dass das Eigelb ganz bleibt.

▌ Die runden Teigblätter teilen. Die Ränder mit Eiweiß einpinseln und so nach innen schlagen, dass etwa 10 cm breite Streifen entstehen. Von einem Streifen das schmale Teigende diagonal so nach rechts zum Dreieck falten, dass es bündig mit dem rechten Rand des Teigstreifens abschließt. Das so entstandene Dreieck nach oben auf den Teigstreifen klappen. 1 EL Füllung mittig daraufgeben, eine kleine Mulde hineindrücken und das Eigelb hineingeben. 1 TL Parmesan darüberstreuen. Den Teig von der anderen Seite über die Füllung schlagen, zurechtschneiden und an der Unterseite und an den Rändern mit Eiweiß verkleben, sodass das Dreieck gut verschlossen ist. Auf diese Art sechs Teigtaschen vorbereiten. Nicht benötigtes Eiweiß anderweitig verwenden.

▌ In einer Pfanne mit hohem Rand 2 cm hoch Öl erhitzen. Die bricks aux œufs portionsweise darin in etwa 2 Minuten mit der dickeren Teigseite nach unten braten. Dann wenden und noch 1 Minute garen. Wieder wenden, sodass die Eigelbseite oben ist, und kurz auf Küchenpapier abtropfen lassen. Die Zitrone in Spalten schneiden und dazu servieren.

Mozzarella in carrozza

Das neapolitanische Gericht diente ursprünglich der Resteverwertung von altbackenem Weißbrot, eignet sich aber auch bestens für ein deftiges Frühstück.

Zubereitung: 25 Minuten
Ergibt 4 Portionen

Zutaten

8 Scheiben Toastbrot
200 g Mozzarella
Pfeffer, frisch gemahlen
8 Sardellenfilets
3 Eier
3 EL Milch
Salz
neutrales Öl zum Braten

▌ Das Toastbrot entrinden. Den Mozzarella abtropfen lassen und in Scheiben schneiden. Den Käse auf vier Toastscheiben verteilen, dabei einen kleinen Rand frei lassen, pfeffern und je zwei Sardellenfilets pro Toast daraufgeben. Mit den übrigen Toastscheiben abdecken und gut zusammendrücken.

▌ Die Doppeltoasts in eine flache Schale legen. Eier und Milch verquirlen, leicht salzen und so über die Toasts gießen, dass alle befeuchtet sind. 10 Minuten durchziehen lassen.

▌ In einer Pfanne 1 cm hoch Öl erhitzen und die gefüllten Toasts darin von jeder Seite in etwa 3 Minuten goldbraun braten. Auf Küchenpapier abtropfen lassen und sofort heiß servieren.

Variante: Vegetarier ersetzen die Sardellenfilets durch getrocknete, in Öl eingelegte Tomaten. Die Tomaten zuvor abtropfen lassen und in Streifen schneiden.

Zucchini-Kräuter-Frittata

Reichlich frische mediterrane Kräuter verleihen der italienischen Eierspeise ein wunderbares Aroma.

Zubereitung: 30 Minuten
Backen: 30 Minuten
Ergibt 6 Portionen

Zutaten

600 g kleine Zucchini
2 EL Mehl
6 EL Olivenöl, plus Öl für die Form
Salz
1 Bund Basilikum
4–5 Zweige Thymian
4 Salbeiblätter
6 Eier
Pfeffer, frisch gemahlen
1 Knoblauchzehe (nach Belieben)

▍ Die Zucchini waschen, die Stielansätze entfernen und die Zucchini längs in etwa 4 mm dicke Scheiben schneiden. Mit Mehl bestauben. Jeweils 2 EL Öl in einer Pfanne erhitzen und die Zucchinischeiben darin portionsweise von jeder Seite 2–3 Minuten braten. Salzen und lauwarm abkühlen lassen.

▍ Den Backofen auf 180 °C vorheizen, eine Auflaufform mit Öl ausstreichen. Die Kräuter waschen, trocken schütteln und die Blätter fein hacken. Die Eier in einer Schüssel mit einer Gabel verquirlen, aber nicht schaumig schlagen. Die Kräuter untermischen, salzen und pfeffern. Falls verwendet, den Knoblauch schälen und dazupressen.

▍ Die Hälfte der Eiermischung in die Form gießen. Die Zucchinischeiben einschichten und die übrige Eiermasse darübergießen. Im heißen Ofen etwa 30 Minuten backen, bis die Masse gestockt und die Oberfläche leicht gebräunt ist. Lauwarm oder kalt in Stücke schneiden und servieren.

Kartoffel-Tortilla mit grünem Spargel

Diese edle Form des spanischen Klassikers lässt sich prima vorbereiten und schmeckt warm oder kalt.

Zubereitung: 45 Minuten
Ergibt 8 Portionen

Zutaten

250 g grüner Spargel
750 g vorwiegend festkochende Kartoffeln
1 Knoblauchzehe
2 Frühlingszwiebeln
8 Eier
Salz
Pfeffer, frisch gemahlen
neutrales Öl zum Braten

▌ Die Spargelstangen waschen, das untere Drittel schälen, die Enden abschneiden und die Stangen schräg in etwa 1 cm breite Stücke schneiden. Die Kartoffeln schälen und in Pommes-frites-Form schneiden. Den Knoblauch schälen und fein hacken. Die Frühlingszwiebeln putzen, waschen und schräg in feine Ringe schneiden.

▌ Die Kartoffeln mit Küchenpapier trocken tupfen. In einer großen Pfanne 2 cm hoch Öl erhitzen und die Kartoffeln darin in etwa 5 Minuten weich, aber nicht braun frittieren. In ein Sieb abgießen und abtropfen lassen, das Öl auffangen.

▌ In einer kleinen Pfanne 2 EL des Öls erhitzen. Spargel, Knoblauch und Frühlingszwiebeln darin 2 Minuten unter Rühren braten. Salzen, pfeffern und ebenfalls im Sieb abtropfen lassen.

▌ Die Eier in einer Schüssel mit einer kräftigen Prise Salz verrühren, aber nicht schaumig schlagen. Die Kartoffeln salzen und mit der Spargelmischung unter die Eier mengen.

▌ 2 EL des aufgefangenen Öls in die große Pfanne geben und erhitzen. Die Eier-Kartoffel-Mischung hineingeben, glatt streichen und 4–5 Minuten bei mittlerer Temperatur braten. Die Tortilla mithilfe eines flachen Deckels oder eines Tellers wenden und in weiteren 4–5 Minuten goldgelb braten. Auf eine Platte gleiten lassen und abgekühlt in acht Tortenstücke teilen.

Schinkentarte mit Kräuterseitlingen

Buchweizenmehl verleiht dem Teigboden eine herzhaft-nussige Note, die ausgezeichnet mit dem Geschmack von Pilzen harmoniert.

Zubereitung: 30 Minuten
Backen: 45 Minuten
Ergibt 8 Portionen

Zutaten

Für den Teig
100 g Mehl (Type 550), plus Mehl
für die Form und zum Verarbeiten
100 g Buchweizenmehl
1 Ei
1 Eigelb
80 g kalte Butter, plus Butter für
die Form
Salz

Für den Belag
500 g Kräuterseitlinge
3 EL Olivenöl
½ Bund Petersilie
Salz
Pfeffer, frisch gemahlen
120 g gekochter Schinken
(in Scheiben)
60 g Gouda, geraspelt
2 Eier
1 Eiweiß
1 EL geröstetes Sesamöl
200 g Sahne

▌ Für den Teig die beiden Mehlsorten, Ei, Eigelb, die in Stückchen geschnittene kalte Butter und eine kräftige Prise Salz zu einem glatten Teig verkneten. In Frischhaltefolie wickeln und für 30 Minuten kalt stellen.

▌ Inzwischen die Kräuterseitlinge in Scheiben schneiden. Das Öl in einer Pfanne erhitzen und die Pilze darin 3–4 Minuten braten. Die Petersilie waschen, trocken schütteln, die Blätter hacken und untermischen. Salzen, pfeffern und abkühlen lassen. Den Schinken in Streifen schneiden.

▌ Den Backofen auf 180 °C vorheizen. Eine Springform mit 24 cm Durchmesser fetten und mit Mehl bestauben. Den Teig auf der bemehlten Arbeitsfläche etwas größer als die Form ausrollen, einlegen und einen etwa 2 cm hohen Rand formen.

▌ Den Teigboden mehrfach mit einer Gabel einstechen und die Hälfte des Käses daraufstreuen. Pilze und Schinken daraufgeben. Eier, Eiweiß, Sesamöl und Sahne verquirlen, mit Salz und Pfeffer würzen und darübergießen. Übrigen Käse darüberstreuen und die Tarte im heißen Ofen etwa 45 Minuten backen.

Variante: Wer für Schinken nicht so viel übrig hat, kann ihn durch 150 g klein gewürfelten Räuchertofu ersetzen – schmeckt nicht nur Vegetariern!

Ziegenkäse-Tartelettes

Rote Portweinzwiebeln verbünden sich mit zarter Ziegenkäsecreme und knusprigem Mürbeteig zu feinen Küchlein mit südfranzösischem Touch.

Zubereitung: 45 Minuten
Backen: 25 Minuten
Ergibt 8 Tartelettes

Zutaten

Für den Teig

220 g Mehl, plus Mehl für die
Form und zum Verarbeiten
1 Ei
1 Eigelb
100 g kalte Butter, plus Butter
für die Form
Salz

Für den Belag

400 g rote Zwiebeln
2 EL Olivenöl
1 TL Zucker
Salz
Pfeffer, frisch gemahlen
4 EL roter Portwein
(ersatzweise Rotwein)
50 g Quittengelee
120 g Ziegenfrischkäse
2 Eier
75 g Crème fraîche
1 EL frische Thymianblättchen

▮ Für den Teig Mehl, Ei, Eigelb, klein gewürfelte Butter und eine kräftige Prise Salz zu einem glatten Teig verkneten. In Frischhaltefolie gewickelt für 30 Minuten kalt stellen.

▮ Inzwischen die Zwiebeln schälen und in feine Ringe schneiden. Das Öl in einer Pfanne erhitzen und die Zwiebeln darin anbraten, Zucker und je eine kräftige Prise Salz und Pfeffer dazugeben. Mit dem Portwein ablöschen und diesen kochen lassen, bis er verdampft ist. Abkühlen lassen.

▮ Den Backofen auf 180 °C vorheizen. Acht Tartelette-Förmchen mit 10 cm Durchmesser ausbuttern und mit Mehl bestauben. Den Teig auf der bemehlten Arbeitsfläche ausrollen, Kreise von 12 cm Durchmesser ausstechen und den Teig in die Förmchen drücken. Jeden Teigboden mit einer Gabel einstechen, je 1 TL Quittengelee und die Portweinzwiebeln darauf verteilen.

▮ Ziegenfrischkäse, Eier, Crème fraîche und Thymian verquirlen, salzen, pfeffern und über die Zwiebeln geben. Die Tartelettes etwa 25 Minuten im Ofen backen. Lauwarm oder kalt servieren.

Variante: Für den Belag von Chorizo-Paprika-Tartelettes (siehe Titelbild) je eine rote und gelbe Paprikaschote putzen, waschen und klein schneiden. Eine Zwiebel schälen und würfeln. 100 g Chorizo (spanische Knoblauchwurst) enthäuten und in Scheiben schneiden. Alles 2 Minuten in 2 EL Olivenöl braten, salzen und pfeffern. Abgekühlt auf den Teig geben und eine Mischung aus zwei Eiern, 150 g Crème fraîche und je einer Prise Salz und Pfeffer darübergießen. Wie beschrieben backen.

Kirschtomatenquiche

Thymian und Orangenschale geben dem Quichebelag eine leicht fruchtige Note.

Zubereitung: 45 Minuten
Backen: 30 Minuten
Ergibt 10 Portionen

Zutaten

Für den Teig

250 g Mehl (Type 550), plus Mehl
für die Form und zum Verarbeiten
½ TL Salz
2 Eier
100 g kalte Butter, plus Butter
für die Form

Für den Belag

500 g Kirschtomaten
½ Bund Thymian
1 unbehandelte Orange
1 EL Olivenöl
Salz
Zucker
200 g Sahne
4 Eier
Pfeffer, frisch gemahlen

▎ Mehl, Salz, Eier und klein gewürfelte Butter zu einem glatten Teig verkneten. Diesen in Frischhaltefolie wickeln und für 30 Minuten kalt stellen.

▎ Inzwischen die Kirschtomaten waschen, die Stielansätze mit einem spitzen Messer herausschneiden. Den Thymian waschen und trocken schütteln, die Blättchen fein hacken. Die Orange waschen, abtrocknen und die Schale mit einem Zestenreißer in feinen Spänen abziehen.

▎ Das Öl in einer Pfanne erhitzen. Die Tomaten hineingeben und ¼ TL Salz sowie ½ TL Zucker darüberstreuen. 2–3 Minuten bei mittlerer Temperatur karamellisieren lassen, die Pfanne gelegentlich rütteln. Thymianblättchen und Orangenschale hinzufügen und 1 Minute mitbraten. Vom Herd nehmen und lauwarm abkühlen lassen.

▎ Den Backofen auf 200 °C vorheizen. Eine Quicheform mit 26 cm Durchmesser ausbuttern und mit Mehl bestauben. Den Teig auf der bemehlten Arbeitsfläche etwas größer als die Form ausrollen, in die Form legen und einen kleinen Rand formen.

▎ Die Tomaten auf dem Teigboden verteilen. Die Sahne mit den Eiern verquirlen, mit Salz und Pfeffer würzen und darübergießen. Die Quiche im heißen Ofen etwa 30 Minuten backen, bis die Oberfläche leicht gebräunt ist. Lauwarm oder kalt in zehn Stücke schneiden.

Kürbiskuchen mit Apfel und Schafskäse

Mit fertigem Blätterteig geht der saftige Gemüsekuchen ganz einfach und wird garantiert ein Blickfang Ihres Brunch-Büfetts.

Zubereitung: 45 Minuten
Backen: 50 Minuten
Ergibt 12 Stücke

Zutaten

1,2 kg Muskatkürbis
(etwa 800 g Fruchtfleisch)
2 Zwiebeln
2 säuerliche Äpfel
2 EL Zitronensaft
450 g TK-Blätterteig
3 EL neutrales Öl
1 Bund frischer Oregano
Salz
Pfeffer, frisch gemahlen
4 Eier
400 g Schmant
120 g Feta
Mehl für die Arbeitsfläche

Den Kürbis schälen, von Fasern und Kernen befreien und das Fruchtfleisch klein würfeln. Die Zwiebeln schälen und fein hacken. Die Äpfel nach Belieben waschen oder schälen und vom Kerngehäuse befreien. Das Fruchtfleisch klein würfeln und mit dem Zitronensaft mischen. Den Blätterteig auftauen lassen.

Das Öl in einer großen Pfanne erhitzen, Zwiebeln und Kürbis darin 5–6 Minuten braten. Den Oregano waschen, trocken schütteln, die Blätter fein hacken. Äpfel und Oregano unter den Kürbis mischen, mit Salz und Pfeffer abschmecken. In ein Sieb geben, abtropfen und lauwarm abkühlen lassen.

Den Backofen auf 200 °C vorheizen. Ein kleines Blech (40 x 25 cm) mit Backpapier belegen. Die Blätterteigscheiben auf der bemehlten Arbeitsfläche aufeinanderlegen und zu einem Rechteck etwas größer als das Blech ausrollen. Das Blech damit belegen und einen kleinen Rand formen.

Eier und Schmant verrühren, mit Salz und Pfeffer würzen. Den Teigboden mehrfach mit einer Gabel einstechen und die Kürbismischung darauf verteilen. Die Eiermasse gleichmäßig darübergießen und den Schafskäse darüberbröckeln. Im heißen Ofen etwa 50 Minuten backen.

Den fertigen Kürbiskuchen herausnehmen und lauwarm abkühlen lassen. Mit einem scharfen Messer in zwölf Stücke teilen.

Variante: Statt der Äpfel können Sie auch zwölf fein gewürfelte getrocknete Tomaten (in Öl) und eine Handvoll entsteinte und klein gewürfelte schwarze Oliven unter den Kürbis mengen. Und anstelle der frischen Kräuter gibt auch 1 EL getrocknete Kräuter der Provence die gewünschte Würze.

Zum Löffeln und Aufgabeln

Auf den nächsten Seiten erwarten Sie neben erfrischenden Sommersüppchen und feinen Salaten köstliche kleine Snacks im Glas und große kalte Platten mit selbst gebeiztem Lachs oder Parmaschinken. Raffinierte kalte Braten und Terrinen runden das Kapitel ab. Da ist für jeden Geschmack etwas dabei!

Salate, kalte Platten und mehr

Bei einer Einladung zum Brunch haben Sie morgens bis zum Eintreffen der Gäste nur eine begrenzte Zeit zur Verfügung. Suppen, kalte Braten, Terrinen und Salate, die sich am Vortag vorbereiten lassen, sind da ideal.

Wenn Sie nicht schon im Morgengrauen mit den Vorbereitungen beginnen wollen, sollten Sie bei der Zusammenstellung der Gerichte, die Sie Ihren Brunch-Gästen anbieten möchten, eine kluge Auswahl treffen. Dazu gehören neben frisch Zubereitetem unbedingt Rezepte, die sich schon einige Tage vorher vorbereiten lassen. Selbst gebeizter Lachs (Seite 95) oder eine der Terrinen (Seite 107 und 108) ist da eine gute Wahl. Auf den Seiten 98 bis 102 finden Sie außerdem drei Rezepte für kalte Braten, die alle sanft bei Niedrigtemperatur gegart werden und damit kaum Arbeit machen. Fest in Alufolie gewickelt lassen Sie sie über Nacht im Kühlschrank ruhen, schneiden sie am nächsten Tag auf und richten sie auf Platten an – mit einem raffinierten Dip oder Chutney dazu sicher eines der Highlights Ihres Brunch-Büfetts, für das Sie garantiert Bewunderung ernten werden.

Ebenso unkompliziert sind viele der Salate: Von dem Nudelsalat mit Ingwer-Rosmarin-Pesto über den Couscoussalat mit Granatapfelkernen bis zum Glasnudelsalat mit Koriandergarnelen (Rezepte Seite 90–93) können alle ohne Qualitätsverlust im Kühlschrank übernachten. Und auch die Selleriecreme (Seite 83) und den Kaviarlinsensalat (Seite 89) können Sie schon am Vorabend zubereiten, um sie dann am Brunch-Tag nur noch entsprechend mit geräucherter Gänsebrust bzw. gebratenen Jakobsmuscheln zu garnieren.

Wer sagt übrigens, dass Sie alles selbst zubereiten müssen? Neben Speisen, die sich vorbereiten lassen, gehören unbedingt auch ein paar unkomplizierte Dinge mit ins Programm, die Sie fertig kaufen und nur ansprechend anrichten und eventuell ein wenig aufpeppen müssen: Räucherlachs, Schinken und Wurst gehören dazu. Dekorieren Sie die damit belegten Platten mit Gürkchen, Kirschtomaten und frischen Kräutern, und schon sieht alles frisch und einladend aus.

Alles Käse

Mit einer gut bestückten Käseplatte machen Sie nicht nur Vegetarier glücklich. Kaufen Sie den Käse dafür am besten am Stück, so bleibt er im Laufe eines länger dauernden Fests ansehnlich. Rechnen sie etwa 100 g pro Person (was nicht verzehrt wird, lässt sich danach einfrieren). Fünf bis sechs Sorten möglichst verschiedener Geschmacksrichtungen sollten es sein: Für eine schöne geschmackliche wie optische Auswahl können das beispielsweise ein Brie oder Camembert (milder, cremiger Weichkäse), ein Chaumes oder Reblochon (würziger Weichkäse), ein Roquefort oder Gorgonzola (Blauschimmelkäse), ein Comté (milder Hartkäse) oder Gruyère (aromatischer Hartkäse) und ein Ziegenfrischkäse (beispielsweise mit Kräutern oder rotem Pfeffer) sein. Legen Sie die Stücke mit etwas Abstand auf ein Brett, dazu ein oder mehrere Käsemesser. Zwischen die Stücke verteilen Sie kleine Zweige mit gewaschenen Trauben oder geviertelte Feigen, dazu Walnusshälften, Pistazien oder Rauchmandeln. Für einen fruchtig-würzigen Orangen-Feigen-Senf dazu verrühren Sie je 150 g Orangen- und Feigenmarmelade mit 1 EL Zitronensaft und, je nach gewünschter Schärfe, 1–2 EL Dijonsenf und stellen ihn in einem Schälchen dazu.

Wenn bei Ihrer Brunch-Einladung Kinder mit von der Partie sind, ist ein milder junger Gouda eine gute Wahl. Schneiden Sie ihn gleich in mundgerechte Stäbchen und richten Sie diese auf einem Extrateller mit Karottensticks, Gurkenscheiben und Paprika-streifen an, die Kinder erfahrungsgemäß ebenfalls gerne mögen.

Gut gekühlt

Wie bei jeder Einladung mit vielen Gästen quillt der Kühlschrank vor dem Brunch meist über. Auch das sollten Sie bei der Zusammenstellung Ihres Brunch-Büfetts bedenken. Wohin also mit den fertigen Ge-richten, die darin keinen Platz mehr finden? Tatsäch-lich gekühlt werden müssen die kalten Suppen und Gerichte mit Fisch und Meeresfrüchten. Perfekt, wenn Sie einen kühlen Keller besitzen, in dem alles Übrige zwischengelagert werden kann. Falls nicht, so ist das aber auch nicht weiter schlimm, denn alles andere kann durchaus zwei, drei Stunden bei Zim-mertemperatur auf seinen Einsatz warten.

Frisch Gebackenes wie gefüllte Täschchen, Muffins, Quiche und Co. ist ganz unkompliziert: Das lassen Sie vollständig abkühlen, arrangieren es dann auf Tellern oder Platten und decken es locker mit einem Küchentuch ab. Für Salate gilt, so im Rezept nicht steht »Bis zum Servieren kalt stellen«: Decken Sie die Schüsseln oder Gläschen mit Frischhaltefolie ab und stellen Sie sie gleich auf das Büfett. Dasselbe

gilt für Kalte-Braten-, Schinken- und Wurstplatten. Dass Sie sie nicht direkt in der Sonne oder neben der Heizung platzieren, versteht sich von selbst. Legen Sie auch gleich das passende Vorlegebe-steck dazu, dann vergessen Sie das später nicht.

Schön angerichtet

Frankreich hat's uns vorgemacht: Dort werden seit Jahren die verschiedensten Köstlichkeiten für Gäste gleich portionsweise in kleine Gläser gefüllt und hübsch garniert. Das macht zwar im Vorfeld ein klein wenig mehr Arbeit, sieht aber sehr appetitlich aus. Und es hat während des Brunchs einen ent-scheidenden Vorteil: Verschmierte, halb geleerte Schüsseln, um die Sie sich später kümmern müss-ten, sind passé. Passende Gläschen mit 100–150 ml Inhalt bekommen Sie für wenig Geld in Haushalts-warengeschäften und Einrichtungshäusern.

Ihnen fehlen Platten zum Anrichten? Wenn Sie nicht welche im Freundeskreis ausleihen wollen, greifen Sie auf wiederverwendbare Aluplatten zurück, die Sie mit Tortenspitze (für Gebackenes) oder Salat-blättern (für Lachs, Schinken und Braten) belegen. Aluplatten bekommen Sie in verschiedenen Größen in Einkaufsmärkten und Warenhäusern.

Kalte Rote-Bete-Suppe

Zubereitung: 20 Minuten
Kühlen: 2 Stunden
Ergibt 6 Portionen

Zutaten

1 Scheibe Toastbrot
2 EL Weißweinessig
1 Stück frischer Meerrettich
(etwa 6 cm)
250 g gegarte Rote Bete
(vakuumverpackt)
1 TL Zucker
500 ml Buttermilch
Salz
Pfeffer, frisch gemahlen
100 g Sahne

▌ Das Brot entrinden, zerkrümeln und mit dem Essig beträufeln. Den Meerrettich schälen und 1 EL voll fein abreiben. Die Rote Bete klein schneiden und mit dem aufgeweichten Brot, Zucker, geriebenen Meerrettich und der Buttermilch im Mixer (oder in einem hohen Gefäß mit dem Pürierstab) fein pürieren. Mit Salz und Pfeffer würzig abschmecken. Für 2 Stunden kalt stellen.

▌ Die Sahne steif schlagen. Etwas Meerrettich für die Garnitur fein raspeln. Die Hälfte der Schlagsahne unter die Rote-Bete-Suppe ziehen und diese in sechs Gläser oder Schälchen füllen. Mit der übrigen Schlagsahne bekrönen und mit Meerrettichraspeln bestreut servieren.

Gurkensüppchen mit Garnelen

Zubereitung: 25 Minuten
Kühlen: 2 Stunden
Ergibt 8 Portionen

Zutaten

2 große Salatgurken
2 Schalotten
1 Knoblauchzehe
2 EL Zitronensaft
200 g Sahne
Salz | Pfeffer, frisch gemahlen
Zucker
1 Bund Dill
200 g gegarte Garnelen

▌ Die Gurken schälen, längs halbieren, die Kerne herauskratzen und die Hälften klein schneiden. Die Schalotten und den Knoblauch schälen und fein hacken.

▌ Alles mit dem Zitronensaft im Mixer (oder in einem hohen Gefäß mit dem Pürierstab) fein pürieren. Die Sahne unterrühren und die Suppe mit Salz, Pfeffer und einer Prise Zucker würzig abschmecken. Für 2 Stunden zugedeckt kalt stellen.

▌ Den Dill waschen, trocken schütteln und die Spitzen abzupfen. Acht hübsche Zweiglein für die Dekoration beiseitelegen, den Rest fein hacken und unter die Gurkensuppe mischen. Erneut mit Salz und Pfeffer abschmecken und in acht Gläser schöpfen. Mit den Garnelen und Dill garnieren.

Selleriecreme mit geräucherter Gänsebrust

Zubereitung: 45 Minuten
Kühlen: 2 Stunden
Ergibt 8 Portionen

Zutaten

½ Knolle Sellerie (500 g)
Salz
1 EL Zitronensaft
½ Bund Schnittlauch
150 g Sahne
1 Päckchen Sahnesteif
100 g Sahnequark (40 % Fett)
Cayennepfeffer
Muskatnuss, frisch gerieben
150 g geräucherte Gänsebrust
(in Scheiben)

▌ Den Sellerie schälen, in 3 cm große Würfel schneiden, salzen und mit dem Zitronensaft mischen. In einem Topf mit Dämpfeinsatz in etwa 12 Minuten weich dämpfen. Auskühlen lassen.

▌ Den Schnittlauch waschen, trocken schütteln und in feine Röllchen schneiden. Die Sahne mit einer Prise Salz und dem Sahnesteif steif schlagen. Den gedämpften Sellerie mit dem Quark fein pürieren, mit Salz, Cayennepfeffer und Muskatnuss würzen. Schlagsahne und Schnittlauch unterziehen und mit Salz und Pfeffer abschmecken. In acht Gläser oder Schalen füllen und für 2 Stunden zugedeckt kalt stellen.

▌ Zum Servieren die Selleriecreme mit den Gänsebrustscheiben garnieren.

Variante: Statt geräucherter Gänsebrust können Sie auch 200 g Räuchertofu in ½ cm große Würfel schneiden, in 2 EL Öl knusprig braten und abgekühlt auf die Selleriecreme geben.

Mandarinen-Karotten-Salat

Zubereitung: 20 Minuten
Ergibt 8 Portionen

Zutaten

1 Dose Mandarinorangen
(170 g Abtropfgewicht) oder
3 Orangen
Saft von 1 Orange
1 gestrichener TL Salz
⅓ TL Cayennepfeffer
1 TL Honig
3 EL Walnussöl
800 g Karotten
2–3 Stängel Zitronenmelisse
6 Paranüsse

▌ Die Mandarinorangen in einem Sieb abtropfen lassen oder die drei Orangen so schälen, dass auch die bittere weiße Haut entfernt ist, und die Orangenfilets zwischen den Trennhäuten herausschneiden. Den Orangensaft in einer Schüssel mit dem Salz, Cayennepfeffer und Honig verrühren und das Öl unterschlagen.

▌ Die Karotten schälen und grob raspeln. Die Zitronenmelisse waschen, trocken schütteln und die Blätter fein schneiden. Die Paranüsse feinblättrig schneiden.

▌ Karottenraspel, Mandarinorangen oder Orangenfilets, Zitronenmelisse und Paranüsse unter das Orangendressing mischen.

Hähnchen-Papaya-Salat

Zubereitung: 45 Minuten
Ergibt 8 Portionen

Zutaten

500 g Hähnchenbrustfilet
1 große rote Chilischote
1 Knoblauchzehe
2 EL mildes Currypulver
3 EL neutrales Öl
Salz
3–4 zarte Stangen Sellerie
½ Riesenpapaya (etwa 500 g,
oder 3 kleine Papayas)
2 EL Zitronensaft
100 g Crème fraîche
100 g Salatmayonnaise (30 % Fett)
1 EL mittelscharfer Senf

▌ Das Hähnchenfleisch abwaschen, trocken tupfen und in mundgerechte Streifen schneiden. Die Chilischote längs aufschneiden, von den Samen befreien und fein hacken. Den Knoblauch schälen und durchpressen. Beides mit 1 EL Currypulver und 1 EL Öl unter das Fleisch mischen und dieses zugedeckt 10 Minuten durchziehen lassen.

▌ Jeweils 1 EL Öl in einer Pfanne erhitzen und das Fleisch darin in zwei Portionen rundherum goldbraun braten. Salzen und abkühlen lassen.

▌ Den Sellerie waschen und in dünne Scheiben schneiden. Die Papaya halbieren und die Kerne entfernen, die Hälften schälen und würfeln. Crème fraîche, Mayonnaise, Senf und übriges Currypulver verrühren. Hähnchenfleisch, Sellerie und Papaya untermengen.

Spargelsalat mit Flusskrebsen

Zubereitung 30 Minuten
Ergibt 6 Portionen

Zutaten

Für den Salat

600 g sehr frischer weißer Spargel
150 g Zuckerschoten
Salz
200 g gegarte Flusskrebse
(aus der Kühltheke)

Für das Dressing

1 Vanilleschote
3 EL weißer Balsamicoessig
½ TL mittelscharfer Senf
½ TL Salz (am besten Fleur de Sel)
Zucker
4 EL Walnussöl

Den Spargel schälen und die Enden abschneiden. Die Stangen bis knapp unter die Spitzen schräg in etwa 3 mm dicke Scheiben schneiden. Die Spitzen längs halbieren.

Für das Dressing die Vanilleschote längs aufschneiden und das Mark herauskratzen. Essig, Senf, Salz, Vanillemark und eine Prise Zucker verrühren und das Öl unterschlagen. Den Spargel untermischen und zugedeckt beiseitestellen.

Die Zuckerschoten waschen, die Enden abschneiden und die Schoten eventuell entfädeln; 4–5 Minuten in kochendem Salzwasser blanchieren. Herausnehmen und sofort in Eiswasser abschrecken, damit sie ihre Farbe behalten. In einem Sieb abtropfen lassen, schräg halbieren und mit den Flusskrebsen unter den Spargel mischen.

Tomaten-Avocado-Salat

Zubereitung: 25 Minuten
Ergibt 6 Portionen

Zutaten

1 Schalotte
2 EL Rotweinessig
1 TL mittelscharfer Senf
Salz
Pfeffer, frisch gemahlen
Zucker
4 EL mildes Olivenöl
4 Strauchtomaten
2 reife Avocados
2 Zweige frische Minze

Die Schalotte schälen und sehr fein würfeln. Den Essig mit dem Senf, je einer kräftigen Prise Salz und Pfeffer und einer kleinen Prise Zucker verrühren und das Öl unterschlagen. Die Schalottenwürfel untermischen.

Die Tomaten überbrühen, enthäuten, von den Samen befreien und fein würfeln. Die Avocados halbieren und den Kern herausdrehen. Die Hälften schälen und das Fruchtfleisch klein würfeln. Beides unter das Dressing mischen und bis zum Servieren einen Avocadokern dazulegen, damit die Avocadowürfelchen nicht braun werden.

Zum Servieren die Minze waschen, trocken schütteln und die Blätter fein schneiden. Unter den Tomaten-Avocado-Salat mischen und diesen in sechs Gläser oder Schälchen füllen.

Kaviarlinsensalat mit Jakobsmuscheln

Linsen und Meeresfrüchte ergänzen sich meist vorzüglich – schwarze Beluga-Linsen und Jakobsmuscheln sind eine besonders edle Kombination.

Zubereitung: 40 Minuten
Ergibt 6 Portionen

Zutaten

150 g Beluga-Linsen
1 kleine Zwiebel
1 Knoblauchzehe
1 Karotte
2 zarte Stangen Sellerie
1 EL neutrales Öl
400 ml Gemüsebrühe (Instant)
2 Strauchtomaten
½ Bund Petersilie
2 EL Zitronensaft
Zucker
Salz
Pfeffer, frisch gemahlen
4 EL mildes Olivenöl
9 ausgelöste Jakobsmuscheln
2 EL Olivenöl

Die Linsen in einem Sieb abbrausen und abtropfen lassen. Zwiebel und Knoblauch schälen und fein hacken. Die Karotte schälen und fein würfeln. Den Sellerie putzen, waschen und ebenfalls fein würfeln. Das Öl in einem Topf erhitzen. Zwiebel, Knoblauch und Linsen darin 1 Minute unter Rühren anbraten.

Die Gemüsewürfelchen dazugeben und mit der Gemüsebrühe ablöschen. Aufkochen und etwa 20 Minuten bei niedriger Temperatur köcheln lassen, gelegentlich umrühren. Sobald die Linsen weich sind, aber noch Biss haben, alles in ein Sieb abgießen und abkühlen lassen.

Inzwischen Tomaten überbrühen, kalt abschrecken, enthäuten, von den Samen befreien und fein würfeln. Die Petersilie waschen, trocken schütteln und die Blätter fein hacken.

Für das Dressing den Zitronensaft mit einer kleinen Prise Zucker und je einer kräftigen Prise Salz und Pfeffer verrühren und das milde Olivenöl unterschlagen. Tomaten, Petersilie und Linsengemüse untermischen und mit Salz und Pfeffer abschmecken. Den Linsensalat auf sechs Gläser oder Schälchen verteilen.

Die Jakobsmuscheln kalt abwaschen, trocken tupfen und quer halbieren. 2 EL Olivenöl in einer Pfanne erhitzen und die Muscheln darin von jeder Seite 1–2 Minuten braten. Auf jeder Portion Linsensalat drei Muschelhälften anrichten und sofort servieren.

Italienischer Kartoffelsalat

Zubereitung: 45 Minuten
Ergibt 6 Portionen

Zutaten

800 g festkochende Kartoffeln
6 getrocknete Tomaten
(in Öl + 4 EL Einlegeöl)
60 g schwarze Oliven
2 EL Kapern (aus dem Glas)
80 g italienische Fenchelsalami
(*finocchiona*; in dünnen Scheiben)
1 großes Bund Rucola
3 EL weißer Balsamicoessig
Salz
Pfeffer, frisch gemahlen

Die Kartoffeln waschen, in einem Topf mit Wasser bedecken und in etwa 25 Minuten weich kochen. Abgießen und lauwarm abkühlen lassen.

Inzwischen die getrockneten Tomaten abtropfen lassen und in feine Streifen schneiden. Die Oliven entsteinen und klein schneiden. Die Kapern abtropfen lassen. Die Salami in Stücke zupfen. Den Rucola waschen, grobe Stiele entfernen und die Blätter kleiner zupfen.

Den Essig in einer Schüssel mit je einer kräftigen Prise Salz und Pfeffer verrühren und das Tomatenöl unterschlagen. Die Kartoffeln pellen, in Scheiben schneiden und leicht salzen. Mit getrockneten Tomaten, Oliven, Kapern und Rucola unter das Dressing mischen.

Nudelsalat mit Ingwer-Rosmarin-Pesto

Zubereitung: 40 Minuten
Ergibt 6 Portionen

Zutaten

150 g grüne Bohnen
50 g Walnusskerne
1 Stück frischer Ingwer (etwa 4 cm)
1 Knoblauchzehe
3 Zweige Rosmarin
50 g Parmesan
2 EL Limettensaft
6 EL Olivenöl
Salz
Pfeffer, frisch gemahlen
500 g Nudeln (beispielsweise
Spiralen oder Penne)

Die Bohnen putzen, eventuell entfädeln und in etwa 4 cm lange Stücke schneiden. Die Walnüsse hacken. Ingwer und Knoblauch schälen und klein schneiden. Den Rosmarin waschen, trocken schütteln, die Blätter abzupfen und klein hacken.

Eine Hälfte des Parmesans fein reiben, den Rest fein hobeln. Die Hälfte der Walnüsse mit Ingwer, Knoblauch, Rosmarin, Limettensaft und Olivenöl im Blitzhacker (oder in einem hohen Gefäß mit dem Pürierstab) fein zerkleinern. Geriebenen Parmesan unterrühren und mit Salz und Pfeffer abschmecken.

Die Nudeln in kochendem Salzwasser nach Packungsanweisung bissfest kochen, dabei nach 5 Minuten die Bohnen dazugeben und mitgaren. Das Pesto mit 4 EL Nudelkochwasser verrühren. Nudeln und Bohnen in ein Sieb abgießen, mit kaltem Wasser abschrecken und kurz abtropfen lassen. Mit dem Pesto mischen, in sechs Gläser füllen und mit den übrigen Walnüssen und Parmesanspänen garnieren.

Glasnudelsalat mit Koriandergarnelen

Zubereitung: 30 Minuten
Ergibt 8 Portionen

Zutaten

200 g Glasnudeln
1 große gelbe Paprikaschote
150 g kleine Kirschtomaten
1 Bund Frühlingszwiebeln
2 Bund Koriandergrün
1 große grüne Chilischote
Salz
1 Knoblauchzehe
1 EL geröstetes Sesamöl
300 g Partygambas
(aus der Kühltheke)
Saft von 1 Limette
1 TL Zucker
3 EL neutrales Öl

▌ Die Glasnudeln mit kochendem Wasser übergießen, 3 Minuten ziehen lassen, in ein Sieb abgießen und abkühlen lassen.

▌ Die Paprikaschote putzen, waschen und klein würfeln. Die Kirschtomaten waschen und halbieren. Die Frühlingszwiebeln putzen, waschen und schräg in feine Ringe schneiden. Das Koriandergrün waschen und trocken schütteln, die Blätter abzupfen (einige für die Garnitur beiseitelegen). Die Chilischote längs aufschneiden, von den Samen befreien, waschen und klein schneiden. Koriandergrün und Chili mit einer Prise Salz im Mörser oder Blitzhacker fein zerkleinern. Den Knoblauch schälen und dazupressen. Das Sesamöl unterrühren und die Garnelen untermengen.

▌ Den Limettensaft in einer Schüssel mit ⅓ TL Salz, dem Zucker und dem Öl verrühren. Die Glasnudeln mit der Küchenschere kleiner schneiden und mit Paprika, Tomaten, Frühlingszwiebeln und Koriandergarnelen unter das Dressing mischen. Den Salat zum Servieren in Gläser oder Schälchen füllen und mit Korianderblättchen garnieren.

Couscoussalat mit Granatapfelkernen

Zubereitung: 30 Minuten
Ergibt 10 Portionen

Zutaten

200 g Couscous (Instant)
Salz
1 Granatapfel
je 1 gelbe und rote Paprikaschote
1 Bund Frühlingszwiebeln
3 Zweige frische Minze
Saft von 1 Orange (100 ml)
Cayennepfeffer
1 EL Honig
3 EL Walnussöl

▌ In einem Topf 300 ml Wasser aufkochen lassen, salzen und den Couscous hineinschütten; vom Herd nehmen und zugedeckt nach Packungsanweisung 5–7 Minuten quellen lassen. Dann mit einer Gabel auflockern und lauwarm abkühlen lassen.

▌ Den Granatapfel aufbrechen und die Kerne über einer Schüssel herauslösen. In einem Sieb abtropfen lassen und die harten weißen Trennwände sorgfältig aussortieren. Die Paprika von den Samen und weißen Scheidewänden befreien, waschen und fein würfeln. Die Frühlingszwiebeln putzen, waschen und schräg in feine Ringe schneiden.

▌ Die Minze waschen und trocken schütteln, die Blätter fein schneiden. Den Orangensaft in einer Schüssel mit je ½ TL Salz und Cayennepfeffer, Honig und Walnussöl verrühren. Paprika, Frühlingszwiebeln, Minze, Granatapfelkerne und Couscous untermischen. In zehn Gläschen füllen.

Gebeizter Lachs mit Rosa-Pfeffer-Limetten-Dip

Der selbst gebeizte Lachs macht richtig was her auf Ihrem Brunch-Büfett. Dass die Vorbereitung ein Kinderspiel ist, müssen Sie ja niemandem verraten.

Zubereitung: 30 Minuten
Beizen: 48 Stunden
Ergibt 12 Portionen

Zutaten

Für den Lachs
1 frische Lachsseite mit Haut
(etwa 1,2 kg)
2½ Bund Dill
1 TL weißer Pfeffer
1 TL rosa Pfefferbeeren
1 TL Koriander
3 EL Salz
1 EL Zucker

Für den Dip
1 EL rosa Pfefferbeeren
1 unbehandelte Limette
1 Bund Schnittlauch
250 g Crème fraîche
½ TL Zucker
Salz

Die Lachsseite kalt abwaschen, gut trocken tupfen und eventuell vorhandene Gräten mit der Pinzette entfernen. Mit der Hautseite nach unten in eine passende Form legen. Den Dill waschen, trocken schütteln, die Spitzen abzupfen und fein hacken. Die Pfefferkörner und -beeren sowie die Korianderkörner im Mörser grob zerstoßen und mit dem Salz, Zucker und Dill mischen. Die Mischung auf dem Lachs verteilen und mit Frischhaltefolie abdecken. Mit einem Brett beschweren und 48 Stunden im Kühlschrank durchziehen lassen.

Für den Dip die rosa Pfefferbeeren im Mörser zerstoßen. Die Limette heiß abwaschen und abtrocknen, die Schale mit einem Zestenreißer in feinen Spänen abziehen und den Saft auspressen. Den Schnittlauch waschen, trocken schütteln und in feine Röllchen schneiden. Crème fraîche, rosa Pfeffer, Limettensaft und -zesten, Schnittlauchröllchen und Zucker verrühren und mit Salz abschmecken.

Die Lachsseite trocken tupfen, auf ein Servierbrett legen und die Gewürzmischung abstreifen. Mit einem scharfen Messer mit schmaler Klinge schräg dünne Scheiben abschneiden. Den Dip dazu servieren.

Tipp: Wer keine Lust hat, den Lachs selbst zu beizen, kauft 750 g Graved Lachs (am besten bereits in Scheiben geschnitten) und bereitet nur den Dip zu.

Pikante Hackbällchen

Zubereitung: 45 Minuten
Ergibt 24 Stück

Zutaten

100 g Chorizo
(spanische Knoblauchwurst)
400 g Rinderhack
1 kleine Zwiebel
1 große rote Chilischote
1 Ei
je 1 TL gemahlener Kreuzkümmel
und Koriander
abgeriebene Schale von
1 unbehandelten Zitrone
Salz
Pfeffer, frisch gemahlen
6 EL Olivenöl

▌ Die Chorizo enthäuten, sehr fein würfeln und mit dem Hackfleisch in eine Schüssel geben. Die Zwiebel schälen und fein hacken. Die Chilischote längs aufschneiden, von den Samen befreien, waschen und fein würfeln. Beides mit dem Ei, den Gewürzen und der Zitronenschale in die Schüssel geben und mit dem Fleisch verkneten. Mit Salz und Pfeffer würzen. Aus der Hackfleischmasse mit angefeuchteten Händen 24 walnussgroße Bällchen formen.

▌ Jeweils 3 EL Olivenöl in einer Pfanne erhitzen und die Hackbällchen darin in zwei Portionen bei mittlerer Temperatur in 5–6 Minuten rundherum braun braten. Abkühlen lassen und warm oder kalt servieren.

Tipp: Wer mag, kann zum Servieren eine rote Chilischote, zwei Knoblauchzehen und die Blätter von ½ Bund Petersilie fein hacken. Die Hackbällchen in Papierförmchen setzen und über jedes etwas von der Würzmischung streuen.

Zitronenschnitzelchen

Zubereitung: 45 Minuten
Ergibt 20 Stück

Zutaten

400 g Schweinefilet
1 unbehandelte Zitrone
150 g Semmelbrösel
1 TL getrockneter Thymian
4 EL Mehl
2 Eier
2 EL Milch
Salz
Pfeffer, frisch gemahlen
neutrales Öl zum Braten

▌ Das Filet kalt abwaschen, abtrocknen und in 20 Scheiben schneiden. Die Zitrone heiß abwaschen und abtrocknen, die Schale abreiben und den Saft auspressen. Beides mit dem Fleisch mischen und 10 Minuten durchziehen lassen.

▌ Semmelbrösel und Thymian auf einem Teller mischen. Das Mehl auf einen anderen Teller geben. Die Eier in einem tiefen Teller mit der Milch verquirlen. Die Filetscheiben mit dem Handballen flach drücken, salzen und pfeffern. Erst im Mehl wenden, dann durch das Ei ziehen und schließlich in den Bröseln wenden.

▌ In einer Pfanne jeweils ½ cm hoch Öl erhitzen und die Schnitzel darin portionsweise bei mittlerer Temperatur von jeder Seite in 2 Minuten goldbraun braten. Herausheben und auf Küchenpapier abtropfen lassen. Lauwarm oder kalt servieren.

Roastbeef mit Gurkenrelish

Garen Sie das Roastbeef schon am Vortag – das spart Zeit am Brunch-Tag.

Zubereitung: 30 Minuten
Garen: 2 Stunden 30 Minuten
Kühlen: 12 Stunden
Ergibt 12 Portionen

Zutaten

Für das Roastbeef

1,2 kg Roastbeef
Salz
Pfeffer, frisch gemahlen
1 EL mittelscharfer Senf
2 EL neutrales Pflanzenöl

Für das Relish

1 Salatgurke
2 große grüne Chilischoten
3–4 Frühlingszwiebeln
je 1 Bund Koriandergrün und Minze
Saft von 2 Limetten
1 TL Zucker
⅛ TL Salz ·
5 EL neutrales Pflanzenöl

Eine flache ofenfeste Keramik- oder Porzellanform auf den Backofenrost (Mitte) stellen und den Ofen auf 80 °C (Ober- und Unterhitze) vorheizen. Das Roastbeef von Fett und Häutchen befreien und trocken tupfen. Rundherum mit Salz, Pfeffer und Senf einreiben.

Das Öl in einer großen Pfanne erhitzen, das Fleisch darin bei mittlerer Temperatur von allen Seiten, auch an den Enden, in 8–10 Minuten braun anbraten. In die Form im Ofen legen und 2 Stunden 30 Minuten bei Niedrigtemperatur garen (nicht zudecken und keine Flüssigkeit angießen!). Etwas abgekühlt fest in Alufolie wickeln und über Nacht kalt stellen.

Für das Relish die Gurke nach Belieben schälen oder waschen, längs halbieren, die Kerne herauskratzen und das Fruchtfleisch fein würfeln. Die Chilischoten längs aufschneiden, von den Samen befreien, waschen und fein schneiden. Die Frühlingszwiebeln putzen, waschen und ebenfalls fein schneiden. Die Kräuter waschen, trocken schütteln und die Blätter fein hacken. Den Limettensaft mit Zucker und Salz verrühren und das Öl unterschlagen. Die übrigen Zutaten untermischen und in eine Schüssel füllen.

Das Roastbeef – am besten mit einer Aufschnittmaschine – in dünne Scheiben schneiden und auf einer Platte anrichten. Das Gurkenrelish dazu servieren.

Schweinelende mit Apfelchutney

Die bei Niedrigtemperatur zart und saftig gegarte Lende und das Chutney lassen sich prima am Vortag vorbereiten.

Zubereitung: 45 Minuten
Garen: 2 Stunden 30 Minuten
Ergibt 12 Portionen

Zutaten

Für den Braten
1 kg Schweinelende
(ausgelöstes Kotelettstück,
ohne Haut und Fettschicht)
Salz
Pfeffer, frisch gemahlen
1 TL mittelscharfer Senf
2 EL neutrales Öl

Für das Chutney
1 große Zwiebel
1 Stück frischer Ingwer (5 cm)
1 große grüne Chilischote
600 g säuerliche Äpfel
(beispielsweise Boskop)
4 EL Zitronensaft
2 EL neutrales Öl
4 EL brauner Zucker
1 TL Salz
1TL Senfsamen
1 Lorbeerblatt

Eine flache ofenfeste Keramik- oder Porzellanform auf den Backofenrost (Mitte) stellen und den Ofen auf 80 °C (Ober- und Unterhitze) vorheizen. Das Fleisch salzen, pfeffern und mit dem Senf einreiben. Das Öl in einer Pfanne erhitzen und die Lende darin in 6–7 Minuten rundherum, auch an den Enden, anbraten. In die Form im Ofen legen und den Braten 2 Stunden 30 Minuten bei Niedrigtemperatur garen (nicht zudecken und keine Flüssigkeit angießen!).

Für das Apfelchutney Zwiebel und Ingwer schälen und fein hacken. Die Chilischote längs aufschneiden, von den Samen befreien, waschen und fein würfeln. Die Äpfel schälen, das Kerngehäuse entfernen und das Fruchtfleisch in Spalten schneiden. Mit dem Zitronensaft beträufeln.

Das Öl in einem Topf erhitzen. Zwiebel, Ingwer und Chili darin 1 Minute anbraten. Äpfel, Zucker, Salz, Senfsamen, Lorbeerblatt und 4 EL Wasser hinzufügen. Aufkochen und 10 Minuten bei schwacher Temperatur köcheln lassen. Abkühlen lassen, das Lorbeerblatt entfernen und das Chutney in eine Schale füllen.

Die Lende aus dem Ofen nehmen und abkühlen lassen. Dann fest in Alufolie wickeln und bis zur Verwendung in den Kühlschrank legen. Zum Servieren in dünne Scheiben schneiden und auf einer Platte anrichten. Das Chutney dazu reichen.

Parmaschinken mit pfeffrigem Erdbeersalat

Zubereitung: 20 Minuten

Ergibt 6 Portionen

Zutaten

40 g Pinienkerne

400 g Erdbeeren

1 reife Mango

2 EL Himbeeressig

Salz

Zucker

2 EL Walnussöl

Pfeffer, frisch gemahlen

1 großes Bund Rucola

200 g Parmaschinken

▌ Die Pinienkerne in einer kleinen Pfanne goldbraun rösten und abkühlen lassen. Die Erdbeeren waschen, entkelchen und je nach Größe halbieren oder vierteln. Die Mango schälen, das Fruchtfleisch vom Stein und in ½ cm große Würfel schneiden.

▌ Den Essig mit je einer Prise Salz und Zucker verrühren und das Öl unterschlagen. Die Früchte unterheben und Pfeffer grob darübermahlen.

▌ Den Rucola waschen, trocken schütteln, die harten Stiele entfernen und die Blätter kleiner zupfen. Eine Platte damit belegen und den pfeffrigen Mango-Erdbeer-Salat darauf verteilen. Den Schinken darauf anrichten und die Pinienkerne darüberstreuen.

Saltimbocca-Braten

Zubereitung: 25 Minuten

Garen: 3 Stunden

Ergibt 12 Portionen

Zutaten

1,2 kg Kalbsbraten (vom Metzger für einen Rollbraten längs einschneiden lassen)

6 Blätter Salbei

Salz

Pfeffer, frisch gemahlen

6 Scheiben Parmaschinken (etwa 80 g)

2 EL Olivenöl

▌ Das Fleisch kalt abwaschen und trocken tupfen. Die Salbeiblätter waschen und trocken tupfen. Das Fleisch salzen und pfeffern, mit den Schinkenscheiben und den Salbeiblättern belegen. Den Braten aufrollen und mit Küchengarn binden.

▌ Eine flache ofenfeste Keramik- oder Porzellanform auf den Backofenrost (Mitte) stellen und den Ofen auf 80 °C (Ober- und Unterhitze) vorheizen. Das Öl in einer großen Pfanne erhitzen und den Braten darin in 7–8 Minuten rundherum, auch an den Enden, anbraten. In die Form legen und 3 Stunden bei Niedrigtemperatur garen (nicht zudecken und keine Flüssigkeit angießen!).

▌ Den Braten herausnehmen und abkühlen lassen. Zum Servieren in etwa 3 mm dicke Scheiben schneiden und auf einer Platte anrichten.

Entenleberpâté mit Portweingelee

Sieht nach großer Gourmetküche aus und schmeckt fabelhaft – Ihre Gäste werden begeistert sein!

Zubereitung: 30 Minuten
Kühlen: 3 Stunden
Ergibt 6 Portionen

Zutaten

400 g Entenleber
2 Schalotten
150 g Butter
Salz
Pfeffer, frisch gemahlen
300 ml roter Portwein
2 Blatt weiße Gelatine
2 Zweige frischer Thymian
1 EL grüne Pfefferkörner
(aus dem Glas)

▌ Die Entenlebern von Häutchen und Sehnen befreien und in Stücke schneiden. Die Schalotten schälen und fein hacken.

▌ In einer Pfanne 2 EL Butter aufschäumen, die Entenlebern darin 3 Minuten bei mittlerer Hitze braten. Salzen, pfeffern, herausnehmen und abkühlen lassen. Die Schalotten im Bratfett anschwitzen, mit 100 ml Portwein ablöschen und diesen auf 2 EL einkochen lassen.

▌ Die Entenlebern mit den Portweinschalotten und der übrigen Butter im Mixer (oder in einem hohen Gefäß mit dem Pürierstab) fein pürieren. Mit Salz und Pfeffer würzig abschmecken. In sechs Gläser füllen, dabei darauf achten, dass keine Luftblasen in der Paté bleiben. Für mindestens 2 Stunden kalt stellen.

▌ Die Gelatine 10 Minuten in kaltem Wasser einweichen. Den Thymian waschen, trocken schütteln und sechs hübsche Zweiglein für die Deko abzupfen. Die Pfefferkörner abtropfen lassen.

▌ Den restlichen Portwein erwärmen. Die Gelatine ausdrücken und unter Rühren in dem Wein auflösen; auf Raumtemperatur abkühlen, aber nicht gelieren lassen. Auf die Entenleberpâtés verteilen und mit Thymian und grünen Pfefferkörnern garnieren. Zugedeckt für 1 weitere Stunde kalt stellen, bis das Portweingelee fest geworden ist.

Geflügelleberterrine

Die Terrine könnte das Highlight Ihres Brunch-Büfetts werden.

Zubereitung: 1 Stunde 30 Minuten
Marinieren: 1 Stunde
Kühlen: 24 Stunden
Ergibt 12 Portionen

Zutaten

600 g Hähnchenbrustfilet
1 unbehandelte Orange
4 EL Sherry medium
(ersatzweise Orangensaft)
50 g Pistazienkerne
3 Eier
250 g rohes Schweinswurstbrät
(aus den Würsten herausdrücken
oder beim Metzger vorbestellen)
250 g Mascarpone
1 EL frische Thymianblättchen
Salz
Pfeffer, frisch gemahlen
Cayennepfeffer
250 g Hühnerleber
1 EL Butter, plus Butter für
die Form
2–3 Lorbeerblätter
6–8 schwarze Oliven

Das Hähnchenfleisch kalt abwaschen, trocken tupfen und in Stücke schneiden. Die Orange heiß abwaschen, abtrocknen, die Schale abreiben und 4 EL Saft auspressen. Das Fleisch in einer Schüssel mit Orangensaft und -schale und dem Sherry mischen und zugedeckt für 1 Stunde kalt stellen.

Die Pistazien grob hacken. Das Hähnchenfleisch im Blitzhacker fein zerkleinern. Eier, Brät, Mascarpone und Pistazien hinzufügen und mit den Thymianblättchen, 1½ TL Salz, 1 TL frisch gemahlenem Pfeffer und ¼ TL Cayennepfeffer würzen. Alles sorgfältig vermengen und zugedeckt kalt stellen.

Die Hühnerlebern waschen, abtrocknen und von Häutchen und Sehnen befreien. 1 EL Butter in einer Pfanne aufschäumen lassen und die Lebern darin 1–2 Minuten anbraten. Leicht salzen und pfeffern und lauwarm abkühlen lassen.

Den Backofen auf 160 °C vorheizen. Eine Terrinenform mit 1,5 l Inhalt ausbuttern. Drei Viertel der Fleischmasse in die Form füllen. Die Hühnerlebern darauf verteilen, die übrige Fleischmasse daraufgeben und glatt streichen. Die Form einige Male kräftig auf die Arbeitsfläche stoßen, damit Luftblasen entweichen. Die Oberfläche mit Lorbeerblättern und Oliven verzieren. Mit Alufolie abdecken und 50 Minuten im heißen Ofen backen. Herausnehmen, abkühlen und vor dem Anschneiden mindestens 24 Stunden im Kühlschrank zugedeckt ruhen lassen.

Lachs-Forellen-Terrine

Die mit Räucherlachs umhüllte Terrine benötigt zwei Tage Vorlauf, gelingt aber ganz leicht und schmeckt einfach umwerfend!

Zubereitung: 30 Minuten
Garen: 40 Minuten
Kühlen: 48 Stunden
Ergibt 12 Portionen

Zutaten

350 g sehr frisches Lachsfilet
(ohne Haut)
125 g geräuchertes Forellenfilet
1 EL Zitronensaft
1 EL frisch geriebener Meerrettich
1 Ei
250 g Crème fraîche
200 g Sahne
Salz
Cayennepfeffer
400 g Räucherlachs in Scheiben
Butter für die Form

▮ Das Lachsfilet kalt abwaschen und trocken tupfen. Die Räucherforelle zerpflücken, dazugeben und den Zitronensaft darüberträufeln. Für 1 Stunde zugedeckt in den Kühlschrank stellen.

▮ Den Backofen auf 180 °C vorheizen. Für ein heißes Wasserbad eine größere ofenfeste Form bereitstellen. Eine Terrinenform mit 750 ml Inhalt ausbuttern.

▮ Lachs und Forelle mit dem Meerrettich und Ei in den Mixer geben und fein zerkleinern (oder in einem hohen Aufschlaggefäß mit dem Pürierstab pürieren). Die Crème fraîche dazugeben und weiter pürieren. Die Sahne angießen und alles pürieren, bis eine cremige Masse entsteht. Mit Salz und Cayennepfeffer würzig abschmecken. In die Terrinenform füllen und glatt streichen. Die Form mit Alufolie abdecken.

▮ Die Terrine in die größere Form stellen und so viel kochendes Wasser angießen, dass sie zwei Drittel hoch im Wasser steht. Im heißen Ofen 40 Minuten garen, bis die Masse fest ist. Abkühlen lassen und 24 Stunden im Kühlschrank durchkühlen lassen.

▮ Die Terrine aus der Form stürzen. Die Form auswaschen und mit Klarsichtfolie auskleiden. Räucherlachsscheiben in der Form auslegen und so über den Rand lappen lassen, dass die Terrine ganz damit umhüllt werden kann. Die Terrine hineingleiten lassen, den überlappenden Lachs darüberlegen. Mit der Folie abgedeckt für weitere 24 Stunden kalt stellen. Zum Servieren die Terrine auf die Arbeitsfläche stürzen und mit einem scharfen Messer in Scheiben schneiden.

Mittags was Warmes

Zum Lunch um die Mittagszeit stehen
kleine warme Gerichte auf dem Programm.
Ob Vegetarisches oder Köstliches mit Fleisch
oder Fisch – in diesem Kapitel erwarten Sie
Suppen und Feines aus dem Backofen. Der
Zeitaufwand dafür hält sich in Grenzen, sodass
Sie alles ohne viel Mühe auf den Tisch bringen
können. Schließlich sollen Sie als Gastgeber(in)
glänzen und entspannt mitfeiern.

Der Lunch vom Brunch

Typisch für einen Brunch ist, dass nach dem ausgiebigen Frühstück zu Mittag eine warme Kleinigkeit gereicht wird. Die Feinschmeckerrezepte in diesem Kapitel sind dafür genau richtig.

Ein Brunch beginnt üblicherweise gegen halb elf. So können Ihre Gäste ausschlafen und sich in Ruhe fertig machen. Und Sie als Gastgeber haben ausreichend Zeit, alles Nötige vorzubereiten. Was Sie anbieten, richtet sich natürlich nach der Anzahl Ihrer Gäste und nach deren Bedürfnissen. Für Familien mit kleinen Kindern werden Sie anders disponieren als für eine Freundesrunde mittleren Alters, für einen kleinen, vertrauten Kreis anders als für ein großes Fest mit vielen Gästen.

In jedem Fall beginnt der Tag mit einem opulenten Frühstück. Die Zutaten dafür stehen schon bei Ankunft der Gäste auf dem Tisch oder einem separaten Büfett. Gegen Mittag servieren Sie dann ein warmes Gericht. Da Sie als Gastgeber sicher mitfeiern und nicht eine gefühlte Ewigkeit in der Küche verschwinden wollen, sollte dieses warme Gericht so unkompliziert wie möglich sein. Ich habe die Rezepte in diesem Kapitel genau unter dem Aspekt zusammengestellt: Fast alle lassen sich so weit vorbereiten, dass sie lediglich wieder erwärmt oder im Backofen fertig gegart werden müssen.

Gut kombiniert

Neben den Frühstückskomponenten, die bereits in der Einleitung dieses Buchs zur Sprache kamen, empfiehlt sich eine bunte Auswahl an Fisch-, Fleisch- und vegetarischen Gerichten, bei der sich die Zutaten möglichst nicht wiederholen sollten. Wenn es also bereits gebeizten Lachs gibt, sollte das Hauptgericht nicht wieder Fisch beinhalten. Wenn Sie eine Gemüsequiche oder pikantes Gebäck anbieten, dann sollte das warme Gericht nicht ebenfalls einen Teigmantel haben. Wenn Sie als

Kernstück des Büfetts einen kalten Braten servieren, dann könnte das warme Gericht etwas Vegetarisches sein. Servieren Sie bereits einen Salat mit Garnelen, dann scheiden die fürs Hauptgericht aus. Ich denke, das Prinzip ist klar: Sorgen Sie für Abwechslung und dafür, dass jeder Gast ein wenig Auswahl hat, auch der Vegetarier und der Allergiker.

Was steht wo?

Bei einer kleinen Runde von bis zu acht Personen können Sie die Frühstückszutaten vermutlich direkt auf den Tisch stellen: Butter, Konfitüren, Honig etc. finden ebenso Platz wie das Brotkörbchen, die Wurst- und Käseplatte, der Obstsalat und der Saftkrug. Aus der Kaffee- und Teekanne gießen Sie reihum ein und stellen sie dann auf einem Beistelltischchen in Reichweite ab.

Das wird ganz schön eng? Dann entscheiden Sie sich für ein separates Büfett und decken den Esstisch nur mit Teller, Besteck, Kaffeetasse, Saftglas und Serviette ein. Alles andere kommt auf einen Büfetttisch, der möglichst nicht in einer schwer zugänglichen Ecke stehen, sondern gut von allen Seiten erreichbar sein sollte. Sofern Sie nichts Passendes haben, tut auch ein Tapeziertisch, den Sie mit einer hübschen Decke verhüllen, gute Dienste. Auf diesem Büfett arrangieren Sie zu Beginn alles fürs Frühstück zur Selbstbedienung. Lassen Sie, wenn möglich, ein wenig Platz, auf dem Sie später das warme Gericht abstellen können. Ist der Platz knapp, so räumen Sie nach dem Frühstück das nicht mehr Benötigte ab, arrangieren die Reste neu und schaffen so Platz fürs Hauptgericht. Den Tisch decken Sie am besten schon am Vorabend ein und stellen Brotkörbe, Kaffeekannen und Saftkrüge bereit. Auch der Tisch fürs Brunch-Büfett einschließlich der (noch leeren) Platten und Schüsseln samt Vorlegebesteck sollte bereits an Ort und Stelle stehen. Die Brötchen sind bestellt und müssen am nächsten Morgen nur abgeholt werden? Dann können Sie beruhigt schlafen gehen und sich in der Früh ausschließlich ums Essen kümmern.

Wie serviere ich das warme Gericht?

Im legeren familiären Rahmen werden Sie Ihre Gäste mittags einfach in die Küche bitten und dort das warme Gericht auf Teller verteilen. Die Suppe kann auf kleiner Flamme zur Selbstbedienung auf dem Herd stehen. Stellen Sie daneben einen Stapel Teller, Besteck und einen Brotkorb bereit. Oder Sie bringen das warme Essen zu Tisch oder zum Büfett und verteilen dort. Das Gleiche gilt übrigens auch für warme Eierspeisen, Waffeln, Pancakes und Co., die Sie gleich am Morgen zum Frühstück anbieten. Die bereiten Sie nach Wunsch zu, geben sie in der Küche auf Teller und bringen sie so zum Gast. Oder Sie bereiten eine gewisse Menge vor und stellen diese dann aufs Büfett.

Für eine größere Gesellschaft lohnen sich eventuell Warmhalteplatten oder sogenannte Chafing Dishes, Behältnisse aus Metall, in denen die Speisen im Wasserbad warm gehalten werden. Wer diese nicht besitzt, bekommt sie beim Partyservice oder Geschirrverleih (Adressen in Ihrer Nähe finden Sie im Internet oder in den Gelben Seiten).

Was brauche ich noch?

Besitzen Sie genügend Geschirr, Besteck, Gläser und Servietten? Im familiären Rahmen darf zur Not alles zusammengewürfelt sein. Für einen eleganteren Brunch mit vielen Gästen können Sie bei Bedarf

ebenfalls auf den Geschirrverleih zurückgreifen. In jedem Fall sollte, wenn irgend möglich, so viel Geschirr vorhanden sein, dass Sie nicht während des Brunchs abspülen müssen. Schaffen Sie im Vorfeld einen nicht anderweitig benötigten Ort, an dem Sie das benutzte Geschirr stapeln können, oder räumen Sie es sofort in die Geschirrspülmaschine. Aufgeräumt wird hinterher, jetzt ist erst mal Zeit für ein schönes Fest!

Karotten-Limetten-Suppe

Zubereitung: 40 Minuten
Ergibt 8–10 Portionen

Zutaten

1 kg Karotten
1 große Zwiebel
1 Stück frischer Ingwer (4 cm)
1 Knoblauchzehe
3 EL neutrales Öl
4 grüne Kardamomkapseln
Salz
2 unbehandelte Limetten
1 Bund Koriandergrün
1 TL Zucker
Cayennepfeffer

Die Karotten schälen und in Scheiben schneiden. Zwiebel, Ingwer und Knoblauch schälen und fein hacken.

Das Öl in einem Suppentopf erhitzen, Zwiebel, Ingwer und Knoblauch darin in 1 Minute glasig schwitzen. Die Kardamomkapseln aufbrechen und die Samen dazugeben. Die Karotten dazugeben und unter Rühren 2 Minuten anbraten. Mit 1,2 l Wasser ablöschen, salzen, aufkochen und etwa 20 Minuten kochen lassen, bis die Karotten ganz weich sind.

Die Limetten heiß abwaschen, abtrocknen und in feine Scheiben schneiden. Das Koriandergrün waschen, trocken schütteln und die Blättchen abzupfen. Die Suppe mit dem Pürierstab fein pürieren. Limettenscheiben und Zucker hinzufügen und die Suppe mit Salz und Cayennepfeffer abschmecken. In Gläser oder Tassen füllen und mit Korianderblättchen garnieren.

Tomaten-Kokos-Suppe mit Mango

Zubereitung: 25 Minuten
Für 6–8 Personen

Zutaten

1 Zwiebel
1 Stück frischer Ingwer (4 cm)
2 Knoblauchzehen
1 große rote Chilischote
2 Dosen Kokosmilch (à 400 ml)
2 Dosen stückige Tomaten (à 400 g)
Salz
2 reife Mangos
2 EL Kokosflocken
Zucker
Cayennepfeffer
1–2 EL Zitronensaft

Die Zwiebel, den Ingwer und den Knoblauch schälen und fein hacken. Die Chilischote längs aufschneiden, von den Samen befreien und fein schneiden.

Eine Dose Kokosmilch öffnen, ohne sie vorher zu schütteln, und 2 EL der dicken Kokossahne, die sich oben abgesetzt hat, in einem Topf erhitzen. Zwiebel, Ingwer, Knoblauch und Chili darin 1 Minute anbraten. Tomaten und übrige Kokosmilch dazugeben, salzen, aufkochen und 10 Minuten unbedeckt kochen lassen.

Inzwischen die Mangos schälen, das Fruchtfleisch vom Stein schneiden. Das Fruchtfleisch von einer Mango klein würfeln und in Suppentassen verteilen. Das übrige Fruchtfleisch grob würfeln und mit den Kokosflocken zur Suppe geben. Mit dem Pürierstab fein pürieren und mit Salz, Zucker, Cayennepfeffer und Zitronensaft abschmecken. Die Suppe über die Mangowürfelchen geben und heiß servieren.

Gebratene Riesengarnelen mit Orangen-Minze-Dip

Orangenschale und Minze verleihen Dip und Garnelen eine aparte fruchtig-frische Note.

Zubereitung: 45 Minuten
Für 6–8 Personen

Zutaten

Für den Dip

1 unbehandelte Orange
je 250 g Mayonnaise und Crème fraîche
Salz
Zucker
Orangenpfeffer, frisch gemahlen
½ Bund frische Minze

Für die Garnelen

Schale von 2 unbehandelten Orangen
je ½ Bund Petersilie und Minze
1–2 Knoblauchzehen
5–6 schöne Salatblätter
1 kg rohe Riesengarnelen
(küchenfertig geschält, frisch oder tiefgekühlt und aufgetaut)
5–6 EL Olivenöl
Salz

▌ Für den Dip die Orange heiß abwaschen und abtrocknen. Die Schale fein abreiben, anschließend den Saft auspressen. Mayonnaise, Crème fraîche, Orangenschale und 5 EL Orangensaft verrühren und mit Salz, Zucker und Orangenpfeffer würzig abschmecken. Die Minze waschen und trocken schütteln. Die Blätter fein hacken und unterrühren.

▌ Für die Garnelen die Orangen heiß abwaschen und abtrocknen. Die Schale mit einem Zestenreißer in feinen Spänen abziehen. Die Kräuter waschen und trocken schütteln, die Blätter fein schneiden. Den Knoblauch schälen und fein hacken. Kräuter, Knoblauch und Orangenschale mischen und zusammen hacken. Die Salatblätter waschen, trocken tupfen und eine Platte damit belegen.

▌ Die Riesengarnelen am Rücken einschneiden und den schwarzen Darmfaden entfernen. Öl in einer Pfanne erhitzen und die Riesengarnelen portionsweise darin bei mittlerer Temperatur von jeder Seite 2 Minuten braten. Salzen, etwas Kräutermischung darüberstreuen und einmal kräftig durchschwenken. Auf den Salatblättern anrichten. Den Dip und Baguette oder Ciabatta dazu reichen.

Tipp: Den Dip können Sie vorbereiten und zugedeckt in den Kühlschrank stellen. Wenn Sie auch die Garnelen bratfertig vorbereiten, geht's später ganz schnell. Die Kräutermischung allerdings sollten Sie frisch zubereiten, denn Orangenschale, Knoblauch und Kräuter verlieren rasch an Aroma.

Spargelpäckchen mit Kerbelbutter

Zubereitung: 30 Minuten
Garen: 35 Minuten
Ergibt 6 Portionen

Zutaten

2 kg weißer Spargel
250 g weiche Butter
Salz
Zucker
2 Handvoll Kerbel
1 unbehandelte Zitrone
Pfeffer, frisch gemahlen

▮ Den Backofen auf 180 °C vorheizen. Den Spargel schälen und die Enden abschneiden. Sechs Stücke Alufolie mittig mit etwas Butter bestreichen. Den Spargel in sechs Portionen teilen und darauflegen. Mit Salz und Zucker würzen, jeweils 1 TL Butter in Flöckchen daraufgeben und 2 EL Wasser darüberträufeln. Die Päckchen verschließen und im heißen Ofen 30–35 Minuten (je nach Dicke der Spargelstangen) garen.

▮ Inzwischen den Kerbel waschen, trocken schütteln und fein hacken. Die Zitrone heiß abwaschen, abtrocknen und die Schale fein abreiben. Kerbel und Zitronenschale unter die übrige Butter rühren, mit Salz und Pfeffer würzen.

▮ Die Kerbelbutter auf ein Stück Alu- und Frischhaltefolie geben, zu einer Rolle formen und im Kühlschrank fest werden lassen. Die Kerbelbutter in Scheiben schneiden. Die Spargelpäckchen bei Tisch öffnen und die Kerbelbutter darauf schmelzen lassen. Dazu passen kleine Pellkartoffeln.

Lachspäckchen

Zubereitung: 25 Minuten
Garen: 20 Minuten
Ergibt 6 Portionen

Zutaten

1 kleine Knolle Gemüsefenchel
1 dünne Stange Lauch
1 Karotte
1½ EL rosa Pfefferbeeren
Schale von 1 unbehandelten
Zitrone
150 g weiche Butter
Salz
6 Lachsfilets à 125 g (frisch
oder tiefgekühlt und aufgetaut)

▮ Den Fenchel waschen, das Grün abschneiden und beiseitelegen. Die Knolle längs halbieren, den Strunk entfernen. Den Lauch putzen und gründlich waschen. Die Karotte schälen. Alles in feine Stifte oder Streifen schneiden.

▮ Das Fenchelgrün fein hacken. Die Pfefferbeeren im Mörser zerstoßen. Die Zitrone heiß abwaschen, die Schale mit dem Zestenreißer in feinen Spänen abziehen. Alles unter die Butter rühren und salzen.

▮ Den Backofen auf 180 °C vorheizen. Die Lachsfilets kalt abwaschen, trocken tupfen und salzen. Sechs Stücke Butterbrot- oder Backpapier mittig mit etwas Würzbutter bestreichen. Die Gemüsemischung und ein Lachsfilet darauflegen und die restliche Würzbutter auf dem Fisch verteilen. Die Päckchen verschließen, mit Küchengarn binden und auf ein Blech legen. Den Fisch im heißen Ofen etwa 20 Minuten garen.

Gemüse-Clafoutis

Zubereitung: 30 Minuten
Backen: 30 Minuten
Für 4–6 Personen

Zutaten

4 Karotten (400 g) | 200 g grüne Bohnen
500 g Brokkoli | 300 g Kartoffeln
Salz
300 g Frischkäse
80 g Parmesan, frisch gerieben
8 Eier
4 gehäufte EL Speisestärke
300 ml Milch
Pfeffer, frisch gemahlen
Muskatnuss, frisch gerieben
Butter für die Form

▌ Die Karotten schälen und in Scheiben schneiden. Die Bohnen waschen, die Enden entfernen und die Bohnen in Stücke schneiden. Die Brokkoli-röschen abschneiden und waschen, den Stiel schälen und klein schneiden. Die Kartoffeln schä-len und klein würfeln. Gemüse und Kartoffeln etwa 4 Minuten in kochendem Salzwasser blan-chieren. In ein Sieb abgießen und abtropfen lassen.

▌ Den Backofen auf 180 °C vorheizen, eine Auflauf-form mit Butter ausstreichen. Das Gemüse in die Form geben. Frischkäse und Parmesan verrühren. Nach und nach die Eier dazuschlagen und gut unterrühren. Speisestärke und Milch untermengen und alles mit Salz, Pfeffer und einer Prise Muskat-nuss würzig abschmecken. Über das Gemüse gießen und den Auflauf etwa 30 Minuten backen, bis die Oberfläche leicht gebräunt ist.

Schafskäse im Blätterteig

Zubereitung: 20 Minuten
Backen: 40 Minuten
Ergibt 6 Portionen

Zutaten

450 g TK-Blattspinat, aufgetaut
400 g Feta
1 Bund Frühlingszwiebeln
2–3 Zweige frische Minze
Salz | Pfeffer, frisch gemahlen
Muskatnuss, frisch gerieben
1 Packung Blätterteig (aus der
Kühltheke; 270 g)
1 Eigelb | 1 EL Milch
1 EL Sesam
Mehl für die Arbeitsfläche

▌ Den aufgetauten Spinat mit den Händen aus-drücken, grob schneiden und in eine Schüssel geben. Den Feta dazubröckeln. Die Frühlings-zwiebeln putzen, waschen und fein schneiden. Die Minze waschen, trocken schütteln und die Blätter fein schneiden. Alles vermengen und mit Salz, Pfeffer und Muskatnuss würzen.

▌ Den Backofen auf 200 °C vorheizen, ein Blech mit Backpapier belegen. Den Blätterteig auf der bemehlten Arbeitsfläche ausrollen. Die Spinat-Feta-Mischung mittig daraufgeben und alles zu einem länglichen Strudel aufrollen. Mit der Naht nach unten auf das Blech legen. Eigelb und Milch verrühren und die Oberfläche damit bestreichen. Mit dem Sesam bestreuen und im heißen Ofen etwa 40 Minuten backen. Den Strudel herausneh-men, in sechs Stücke schneiden und servieren.

Auberginen-Parmigiana

Der italienische Klassiker punktet mit viel Aroma und reichlich zart schmelzendem Käse.

Zubereitung: 50 Minuten
Backen: 30 Minuten
Ergibt 6 Portionen

Zutaten

1 kg Auberginen
Salz
1 Knoblauchzehe
8–10 EL Olivenöl, plus Öl
für die Form
1 große Dose stückige
Tomaten (800 g)
1 Bund Basilikum
Pfeffer, frisch gemahlen
3 Kugeln Mozzarella (je 125 g)
120 g Parmesan

▌ Die Auberginen waschen, vom Stielansatz befreien und in ½ cm dicke Scheiben schneiden. Salzen, in einem Sieb übereinanderstapeln und 10 Minuten Wasser ziehen lassen.

▌ Den Knoblauch schälen und hacken. In 2 EL Öl anschwitzen, die Tomaten zugeben und in 10 Minuten unter Rühren einkochen lassen. Das Basilikum waschen und trocken schütteln, die Blätter hacken und unterrühren. Die Sauce mit Salz und Pfeffer würzen.

▌ Den Mozzarella abtropfen lassen und in Scheiben schneiden. Den Parmesan reiben. Die Auberginen mit Küchenpapier trocken tupfen. In einer großen Pfanne jeweils 1–2 EL Olivenöl erhitzen und die Auberginenscheiben darin portionsweise von jeder Seite 2 Minuten braten. Auf Küchenpapier abtropfen lassen.

▌ Den Backofen auf 200 °C vorheizen, eine Auflaufform mit Öl ausstreichen. Ein Drittel der Auberginenscheiben in die Form geben. Je ein Drittel der Tomatensauce, des Mozzarellas und des Parmesans darauf verteilen. Diesen Vorgang zweimal wiederholen und mit Parmesan und Mozzarella abschließen. Die *parmigiana* im Ofen etwa 30 Minuten backen, bis die Oberfläche goldgelb ist.

Kalbfleischbällchen in Estragonsahne

Hackbällchen aus Kalbfleisch sind delikat, besonders wenn sie mit einer so feinen, kräuterwürzigen Sauce daherkommen.

Zubereitung: 1 Stunde
Ergibt 6 Portionen

Zutaten

1 altbackenes Brötchen
4 EL Milch
4 Schalotten
1 EL Butter
600 g Kalbshackfleisch
abgeriebene Schale von
½ unbehandelten Zitrone
1 Ei (Größe L)
Salz
Pfeffer, frisch gemahlen
2 Gläser Kalbsfond (à 400 ml)
200 g Sahne
1 EL Dijonsenf
4 Zweige Estragon
1–2 TL Zitronensaft
Zucker

▌ Das Brötchen entrinden und klein würfeln. Die Milch erwärmen und darübergießen. Die Schalotten schälen, fein hacken und in der Butter glasig schwitzen.

▌ Kalbfleisch, Zitronenschale, eingeweichtes Brötchen, Schalotten und Ei verkneten. Kräftig mit Salz und Pfeffer würzen. Aus der Masse 18 golfballgroße Bällchen formen.

▌ Den Backofen samt einer Schale oder Auflaufform auf 70 °C vorheizen. Den Kalbsfond in einem weiten Topf aufkochen, die Bällchen einlegen und bei schwacher Temperatur in etwa 10 Minuten gar ziehen lassen. Herausnehmen, in die Form im Backofen legen und warm halten.

▌ Den Kalbsfond durch ein feines Sieb in einen anderen Topf gießen. Die Sahne hinzufügen und bei starker Hitze auf ein Drittel einkochen lassen. Den Senf einrühren. Den Estragon waschen, trocken schütteln, die Blätter fein schneiden und unterrühren. Die Sauce mit Salz, Pfeffer, Zitronensaft und einer Prise Zucker abschmecken.

▌ Die Kalbfleischbällchen aus dem Ofen nehmen, mit der Sauce übergießen und servieren. Dazu schmeckt Reis und ein Stück Baguette zum Auftunken der Sauce.

Tipp: Statt mit Estragon können Sie die Sauce auch mit 2 EL kleinen Kapern (aus dem Glas) und 2 EL fein gehackter Petersilie verfeinern.

Kalbsröllchen mit Pestofüllung

Nach allerlei süßen Frühstücksköstlichkeiten kommt ein kleines würziges Gericht gerade recht. Halten Sie Ciabatta oder Baguette zum Auftunken der Sauce bereit.

Zubereitung: 45 Minuten
Ergibt 8 Portionen

Zutaten

Für das Pesto
50 g Pinienkerne
1 großes Bund Basilikum
1 Bund frischer Thymian
4 Sardellen (in Öl)
1 EL Frischkäse
2 EL frisch geriebener Parmesan
Pfeffer, frisch gemahlen

Für die Röllchen
8 dünne Kalbsschnitzel (à 80 g)
Salz
3 Schalotten
2 EL Öl
200 ml trockener Weißwein
150 g Sahne
Pfeffer, frisch gemahlen

Für das Pesto die Pinienkerne in einer Pfanne ohne Fett goldbraun rösten, abkühlen lassen. Basilikum und Thymian waschen und trocken schütteln, die Blätter abzupfen bzw. abstreifen. Pinienkerne, Basilikum, die Hälfte der Thymianblättchen und die abgetropften Sardellen fein pürieren. Frischkäse und Parmesan unterrühren und kräftig pfeffern.

Die Kalbsschnitzel zwischen zwei Lagen Klarsichtfolie flach klopfen und leicht salzen. Mit dem Pesto bestreichen, dabei einen kleinen Rand frei lassen, damit die Füllung nicht herausquillt. Die Schnitzel aufrollen und mit Holzzahnstochern zusammenstecken.

Die Schalotten schälen und fein hacken. Das Öl in einer Pfanne erhitzen und die Röllchen darin rundherum anbraten. Herausnehmen. Die Schalotten im Bratfett anbraten und mit Wein und Sahne ablöschen. Die restlichen Thymianblättchen dazugeben und die Röllchen in die Sauce legen. Bei mittlerer Temperatur zugedeckt 10 Minuten schmoren lassen. Die Sauce mit Salz und Pfeffer abschmecken und die Kalbsröllchen warm servieren.

Hähnchenbrustfilet in Kürbiskernkruste

Zu fortgeschrittener Brunch-Stunde erfreuen die zarten Hähnchenstücke in Knusperpanade den Gaumen Ihrer Gäste.

Zubereitung: 45 Minuten
Ergibt 12 Portionen

Zutaten

3 Hähnchenbrustfilets (à 250 g)
4 EL Kürbiskerne
8 EL Semmelbrösel
8 EL Mehl
2 Eier
Salz
Pfeffer, frisch gemahlen
Öl zum Braten

Die Hähnchenbrustfilets waschen, abtrocknen und jeweils quer in vier Stücke schneiden. Die Kürbiskerne grob hacken und mit den Semmelbröseln vermischt auf einen Teller geben. Das Mehl auf einen zweiten Teller geben. Die Eier in einem tiefen Teller mit 1 EL Wasser verquirlen.

Die Hähnchenstücke mit Salz und Pfeffer würzen. Zuerst im Mehl wenden und den Überschuss abklopfen, dann durch das verquirlte Ei ziehen und schließlich in der Bröselmischung wenden. Die Panade sanft andrücken.

In einer Pfanne 1 cm hoch Öl erhitzen. Die Hähnchenstücke darin portionsweise bei mittlerer Temperatur in 5–6 Minuten goldbraun braten. Herausheben und kurz auf Küchenpapier abtropfen lassen. Dazu passt italienischer Kartoffelsalat (siehe Seite 90) oder einfach ein grüner Salat mit Kürbiskerndressing.

Tipp: Sie können die Hähnchenstücke schon vor Ankunft der Gäste panieren und zugedeckt beiseitestellen. Wenn es Zeit ist für ein warmes Gericht, müssen Sie sie nur noch ausbacken.

Drumsticks mit Curry-Mango-Dip

Zubereitung: 45 Minuten

Ergibt 10 Portionen

Zutaten

1 kleine Zwiebel

1 Stück frischer Ingwer (etwa 2 cm)

1 Knoblauchzehe

2 EL neutrales Öl

1 gehäufter TL Currypulver

500 ml Mangopulp (Asienladen)

Salz | Cayennepfeffer

10 Hähnchenunterschenkel (etwa 1,2 kg)

5 EL Kokosraspel

1 kleine reife Mango

2 EL Limettensaft

Zucker

Zwiebel, Ingwer und Knoblauch schälen, fein hacken und in einem Topf im Öl anschwitzen. Currypulver und Mangopulp dazugeben und 10 Minuten bei mittlerer Temperatur einkochen lassen. Mit Salz und Cayennepfeffer würzen, abkühlen lassen.

Den Backofen auf 200 °C vorheizen, ein Blech mit Backpapier belegen. Die Hähnchenunterschenkel waschen, trocken tupfen, enthäuten und mit Salz und Cayennepfeffer würzen. Auf dem Blech im Ofen 15 Minuten garen, dann kurz herausnehmen, in den Kokosraspeln wenden und in 15 Minuten fertig garen.

Die Mango schälen, das Fruchtfleisch vom Stein und in kleine Würfel schneiden. Unter die Mangosauce mischen und mit Limettensaft, Zucker, Salz und Cayennepfeffer abschmecken. Zu den fertigen Drumsticks servieren.

Überbackene Putenschnitzel

Zubereitung: 40 Minuten

Backen: 8–10 Minuten

Ergibt 6 Portionen

Zutaten

100 g Mandelstifte

4 getrocknete Tomaten (in Öl)

2 EL kleine Kapern

1 Bund Petersilie

1 Knoblauchzehe

2 Eiweiß

Salz

60 g Parmesan, frisch gerieben

Pfeffer, frisch gemahlen

6 Putenschnitzel (à 150 g; etwa

1 cm dick geschnitten)

4 EL neutrales Öl

Die Mandelstifte in einer Pfanne ohne Fett bei schwacher Hitze rösten, abkühlen lassen. Tomaten und Kapern abtropfen lassen und fein hacken. Die Petersilie waschen, trocken schütteln und die Blätter fein schneiden. Den Knoblauch schälen und durchpressen.

Das Eiweiß mit einer Prise Salz steif schlagen. Mandelstifte, Tomaten, Kapern, Petersilie, Knoblauch und Parmesan untermischen und mit Pfeffer abschmecken.

Den Backofen auf 200 °C vorheizen, ein Blech mit Backpapier belegen. Die Schnitzel kalt abwaschen, trocken tupfen und salzen. Portionsweise in einer Pfanne im Öl von jeder Seite 1 Minute bei hoher Temperatur anbraten. Nebeneinander auf das Blech legen und mit der Mandelmischung bestreichen.

Den Backofengrill zuschalten, das Blech auf die obere Schiene in den heißen Ofen schieben und die Schnitzel 8–10 Minuten backen, bis die Kruste Farbe annimmt.

Schweinefilet mit Ananas-Salsa

Eine chilischarfe Salsa ist hier die exotische Begleitung zum rosig gegarten Filet.

Zubereitung: 35 Minuten
Ergibt 6 Portionen

Zutaten

600 g Schweinefilet (in zwei aus
der Mitte geschnittenen Stücken)
Salz
Cayennepfeffer
5 EL neutrales Öl
50 g Mandelstifte
1 kleine reife Ananas
2 große rote Chilischoten
1 Bund Frühlingszwiebeln
1 Bund Koriandergrün
3 EL Zitronensaft
Zucker

Den Backofen auf 150 °C vorheizen. Die Filets kalt abwaschen, trocken tupfen und mit Salz und Cayennepfeffer würzen. In einer großen Pfanne 2 EL Öl erhitzen und die Filets darin rundherum in 3–4 Minuten anbraten. Einzeln in Alufolie wickeln und im Backofen in etwa 20 Minuten fertig garen.

Inzwischen die Mandelstifte in einer kleinen Pfanne ohne Fett rösten und abkühlen lassen. Die Ananas von Schopf und Schale befreien, längs vierteln, den Strunk entfernen und das Fruchtfleisch klein würfeln. Die Chilischoten längs aufschneiden, von den Samen befreien und fein schneiden. Die Frühlingszwiebeln putzen, waschen und fein schneiden. Das Koriandergrün waschen und trocken schütteln. Die Blätter abzupfen und grob hacken. Den Zitronensaft mit je einer Prise Salz und Zucker und 3 EL Öl verrühren. Alle vorbereiteten Zutaten untermischen.

Die Schweinefilets aus dem Ofen nehmen und 5 Minuten in der Folie ruhen lassen. Dann in Scheiben schneiden und mit der Ananas-Salsa servieren.

Variante: Für eine Kräuter-Salsa zwei Bund gemischte Kräuter (beispielsweise Basilikum, Petersilie, Oregano, Thymian) waschen, trocken schütteln und die Blätter fein hacken. Zwei Frühlingszwiebeln putzen, waschen und fein schneiden. Eine Knoblauchzehe schälen und durchpressen. 3 EL Weißweinessig mit 1 TL mittelscharfem Senf und je einer kräftigen Prise Salz und Pfeffer verrühren. 6 EL Olivenöl unterschlagen, Kräuter, Frühlingszwiebeln und Knoblauch unterrühren. Zum Filet servieren.

Süß und fruchtig

Mit Pancakes, Waffeln und French Toast zaubern Sie allen süßen Leckermäulern ein Lächeln ins Gesicht – die ungewöhnlichen Rezepte dafür in diesem Kapitel sollten Sie sich nicht entgehen lassen! Auch ein fruchtiger Smoothie kommt bei großen wie kleinen Brunchgästen gut an. Einem zarten Flan, einer fluffigen Mousse oder einem feinen, geschichteten Trifle zum Abschluss am Nachmittag kann kaum jemand widerstehen.

Für Süßschnäbel

Süße Leckereien gehören zu einem gelungenen Brunch unbedingt dazu. Knusprige Waffeln und lockere Pankakes, fruchtige Smoothies und cremige Desserts stehen bei den Liebhabern von köstlichem Naschwerk ganz hoch im Kurs.

Süßes Frühstücksgebäck wie *pain au chocolat* oder *pasteis de nata* haben Sie bereits im ersten Kapitel kennengelernt. In diesem Kapitel folgen Rezepte für *pancakes*, *french toast* und Co., mit denen Sie bei den »Süßen« unter Ihren Gästen Ehre einlegen werden. Den Teig und alle nötigen Utensilien dafür können Sie vorbereiten und bereitstellen, dann geht die Zubereitung später ganz schnell.

Schon zu Beginn, sozusagen zum Frühstücksteil des Brunchs, sollte ein Obstsalat bereitstehen, den man pur genießen, aber auch unter Müsli, Cornflakes oder Joghurt mischen kann. Eine andere Möglichkeit, die Ihnen die Schnippelarbeit erspart, ist eine gut bestückte Schale mit gewaschenem Obst, von der sich jeder bedienen und die Früchte selber schneiden kann.

Fruchtiges zum Trinken

Immer eine gute Idee zu Frühstück und Brunch sind Fruchtsäfte, noch besser frisch aufgemixte Fruchtdrinks. Auf den Seiten 142 und 143 präsentiere ich Ihnen meine Lieblings-Smoothies, darunter einen aus Gurke und Kiwis, der weniger süß, dafür sehr erfrischend ist. Erfrischend ist das Stichwort: Smoothies sollten immer gut gekühlt serviert werden. Da es nicht immer ganz einfach ist, alle Zutaten im Kühlschrank unterzubringen, habe ich einen Tipp für Sie: Frieren Sie in den Tagen vorher reichlich zum Smoothie Ihrer Wahl passenden Fruchtsaft in Eiswürfelbehältern ein. Die Saftwürfel geben Sie dann mit dem frisch aufgemixten Smoothie in einen – ebenfalls im Gefrierfach vorgekühlten – Krug. Andere Möglichkeit: Sie geben jeweils eine Kugel fertig gekauftes Fruchtsorbet in gut gekühlte Gläser

und füllen mit dem passenden Smoothie auf. Zum Kiwi-Gurken-Smoothie passen Eiswürfel aus zur Hälfte mit Wasser verdünntem Limettensaft (oder Limettensorbet), zu allen übrigen Eiswürfel aus Orangensaft, unter den Sie vor dem Tiefkühlen nach Belieben ein wenig Zitronensaft mischen – oder Sie nehmen Orangensorbet.

Cremiges zum Löffeln

Als Dessert zum Abschluss empfehle ich in Gläschen portionierte Desserts wie Cremes oder geschichtete Trifles, die man gut am Vorabend zubereiten und zugedeckt über Nacht in den Kühlschrank stellen kann. Falls Kinder unter Ihren Gästen sind, ist es eine Selbstverständlichkeit, aber auch viele Erwachsene mögen oder vertragen keinen Alkohol: Falls Sie also eine Süßspeise »mit Schuss« anbieten, so sollte es in jedem Fall eine alkoholfreie Variante geben. Bei geschichteten Trifles, bei denen die Biskuit- oder Keksschicht gerne mit Likör beträufelt wird, können Sie stattdessen auch Fruchtsaft verwenden. Die alkoholfreie Alternative habe ich bei den Rezepten jeweils in Klammern angegeben.

Lassen Sie die vorbereiteten Desserts am besten bis zum frühen Nachmittag im Kühlschrank, holen Sie sie aber eine halbe Stunde vor dem Servieren heraus. Cremes und Früchte entfalten ihr Aroma meist am besten bei (kühler) Zimmertemperatur.

Eine schnelle Alternative zu selbst gemachten Desserts ist Eiscreme. Ein Klassiker aus Kindertagen, der bei Festen auch heute noch reißenden Absatz findet, ist Eis mit heißen Früchten: Dafür tiefgekühlte Himbeeren oder Kirschen in der Mikrowelle (oder im heißen Wasserbad) auftauen und erhitzen und über in kleinen Schälchen angerichtetes Vanille- bzw. Schokoladeneis geben. Mit Eiswaffeln oder – eleganter – Cigarettes russes (knusprigen Waffelröllchen) garnieren, fertig!

Kuchen und Tarte

Eine weitere Alternative zu Cremes, Grütze, Flan und Co. ist Kuchen zum Dessert. Am Nachmittag nehmen viele gerne wieder einen kleinen Kaffee, und dazu passt ein Stück Kuchen ganz ausgezeichnet. Am Ende dieses Kapitels finden Sie das Rezept für eine köstliche spanische Orangentorte aus knusprigem Mürbeteigboden, cremiger Füllung und herbfruchtigen Orangenscheiben – ein Gedicht! Da sie nicht ausgesprochen süß ist, passt sie auch hervorragend zu einem Glas Sekt oder Fruchtbowle (siehe Seite 12). Wer nicht selbst backen will, kauft einen fertigen Kuchen beim Konditor – oder bittet einen der Gäste, der gerne backt, einen Kuchen mitzubringen.

Noch ein Wort zum Schluss

„Kann ich etwas mitbringen?" – die Frage kommt garantiert von einigen Ihrer Gäste. Nehmen Sie das Angebot freudig an, bei der Gegeneinladung können Sie sich dann prima revanchieren. Auf diese Weise hat keiner zu viel Arbeit. Zu einem gelungenen Brunch gehört nämlich wie zu jeder Einladung eine ungezwungene Atmosphäre mit entspannten Gastgebern, denen man die Freude an der Sache ansieht. Wenn Sie dagegen einen überforderten, gestressten Eindruck machen, so bekommt man als Gast eher ein schlechtes Gewissen. Versuchen Sie also nicht, Sterneköchen Konkurrenz zu machen und sich aufzureiben, um möglichst viele aufwendige Speisen aufzutischen. Ein Highlight genügt, die übrigen Sachen dürfen gerne ein wenig unkomplizierter sein. Die Gäste kommen schließlich Ihretwegen. Ein leckeres Büfett gehört dazu, ist am Ende aber nur eine Komponente eines fröhlichen Fests. Also: haben Sie keine Scheu davor, ein paar Aufgaben zu delegieren. So haben alle viel Spaß beim gemeinsamen Brunchen!

Kokos-Pancakes mit Mango-Heidelbeer-Salat

Zubereitung: 30 Minuten
Ergibt 6 Portionen

Zutaten

2 reife Mangos
200 g Heidelbeeren
2 EL Limettensaft
1 TL Puderzucker
80 g Kokosraspel
250 g Mehl (Type 550)
2 EL Zucker | Salz
60 g Butter | 2 Eier
375 ml Buttermilch
3 EL neutrales Öl

▌ Die Mangos schälen, das Fruchtfleisch vom Stein schneiden und klein würfeln. Die Heidelbeeren waschen, verlesen und abtropfen lassen. Den Limettensaft mit dem Puderzucker verrühren und die Früchte untermischen.

▌ Die Hälfte der Kokosraspel mit dem Mehl, Zucker und einer Prise Salz in eine Rührschüssel geben. Die Butter zerlassen und mit den Eiern und der Buttermilch unterrühren.

▌ Für jeden Bratvorgang 1 EL Öl in einer großen Pfanne erhitzen. Den Teig esslöffelweise in die Pfanne geben und jeweils ½ TL Kokosraspel aufstreuen. Von jeder Seite 2 Minuten bei mittlerer Temperatur braten. Mit der Kokosseite nach oben zusammen mit dem Mango-Heidelbeer-Salat servieren.

Ricotta-Pancakes mit Kirschkompott

Ricotta und Eischnee machen die Pancakes schön fluffig und saftig.

Zubereitung: 45 Minuten
Ergibt 12 Stück

Zutaten

600 g Sauerkirschen
2 EL Zucker | 1 Zimtstange
125 ml Apfelsaft
3 Eier | Salz
250 g Ricotta
80 g Speisestärke
2 EL Butterschmalz
4 EL Ahornsirup

▌ Die Kirschen waschen, entstielen, nach Belieben entsteinen und mit 1 EL Zucker, der Zimtstange und dem Apfelsaft aufkochen. 4 Minuten bei niedriger Temperatur köcheln lassen und dann beiseitestellen und lauwarm abkühlen lassen.

▌ Die Eier trennen. Das Eiweiß mit einer Prise Salz zu Schnee schlagen. Das Eigelb, 1 EL Zucker und den Ricotta glatt rühren. Die Speisestärke darübersieben und unterrühren. Den Eischnee unterziehen.

▌ Etwas Butterschmalz in einer großen Pfanne zerlassen. Mit einem Esslöffel Teighäufchen in die Pfanne geben, zu kleinen Pancakes verstreichen und diese von jeder Seite etwa 2 Minuten bei mittlerer Temperatur backen. Herausnehmen und sofort warm mit Ahornsirup und Kirschkompott servieren. Aus dem restlichen Teig ebenso Pancakes backen.

French Toast

Zubereitung: 30 Minuten
Ergibt 8 Portionen

Zutaten

1 unbehandelte Orange
1 Stück frischer Ingwer (etwa 3 cm)
⅛ TL gemahlener Kardamom
3 Eier
2 EL Zucker
Salz
8 Scheiben altbackenes Toastbrot
2 EL Butterschmalz
Puderzucker zum Bestauben

▌ Die Orange heiß abwaschen und abtrocknen, erst die Schale fein abreiben, dann den Saft auspressen. Den Ingwer schälen und fein reiben.

▌ Die Eier mit dem Zucker, Ingwer, Kardamom, Orangensaft und -schale und einer kleinen Prise Salz verquirlen. Die Toastscheiben entrinden, in eine Schale legen, mit der Eiermischung begießen und 10 Minuten durchziehen lassen.

▌ Den Backofen auf 180 °C vorheizen, ein Blech mit Backpapier belegen. Pro Bratvorgang 1 EL Butterschmalz in einer Pfanne schmelzen und die Toasts darin in zwei Portionen von jeder Seite 2 Minuten braten. Auf das Blech legen und im heißen Ofen in 6–8 Minuten knusprig backen. Vor dem Servieren mit Puderzucker bestauben.

Marzipanwaffeln mit Erdbeer-Physalis-Salat

Zubereitung: 10 Minuten
Backen: 20 Minuten
Kühlen: 30 Minuten
Ergibt 8 Portionen

Zutaten

100 g Marzipanrohmasse
300 g Erdbeeren | 150 g Physalis
1 EL Puderzucker
2 EL Orangenlikör (ersatzweise Orangensaft)
200 g Sahne
120 g weiche Butter
2 EL Zucker | 2 Eier
250 g Mehl | 1 TL Backpulver
125 ml Milch
Öl für das Waffeleisen

▌ Das Marzipan für 15 Minuten ins Gefrierfach legen. Die Erdbeeren waschen, entkelchen und klein schneiden. Die Physalis aus den Hüllen befreien, waschen und halbieren. Beides mit dem Puderzucker und Orangenlikör mischen. Die Sahne steif schlagen.

▌ Das Marzipan fein raspeln. Butter und Zucker mit dem Handrührgerät schaumig schlagen. Eier und Marzipan unterrühren. Mehl und Backpulver mischen, mit der Milch dazugeben und alles zu einem glatten Teig verrühren.

▌ Ein Waffeleisen erhitzen und mit ein wenig Öl einfetten. Jeweils eine kleine Kelle Teig darin verteilen und in 3–4 Minuten goldbraune Waffeln backen. Die Waffeln auf Teller geben. Mit Puderzucker bestauben und mit dem Fruchtsalat und der Schlagsahne servieren.

Smoothies

Kiwi-Gurken-Smoothie

Erfrischend und leicht – der perfekte
Frühstücksdrink, für alle, die es nicht
so süß mögen.

Zubereitung: 10 Minuten
Ergibt 4 Portionen

Zutaten

1 Salatgurke | 3 reife Kiwis
5 Blätter frische Minze
1 Limette
1 EL Agavendicksaft
(ersatzweise Honig)

▪ Die Gurke schälen, längs halbieren, die
Kerne herauskratzen und wegwerfen, das
Fruchtfleisch klein schneiden. Die Kiwis
schälen, die Minzeblätter waschen. Die
Limette auspressen. Gurke, Kiwis, Minze-
blätter und Limettensaft mit dem Agaven-
dicksaft im Mixer (oder in einem hohen
Gefäß mit dem Pürierstab) fein pürieren.

▪ So viel kaltes Wasser untermischen, dass
ein cremiger Smoothie entsteht.

Mango-Cashew-Smoothie

Cashewkerne geben hier samtige Fülle
und ein dezentes Nussaroma, das perfekt
zu Mangos passt.

Zubereitung: 15 Minuten
Einweichen: 12 Stunden
Ergibt 4 Portionen

Zutaten

80 g Cashewkerne | 2 reife Mangos
1 Orange | 1 Vanilleschote | Honig
nach Bedarf

▪ Die Cashewkerne über Nacht in Wasser
einweichen. Dann in einem Sieb kalt
abspülen und abtropfen lassen.

▪ Die Mangos schälen, das Fruchtfleisch
vom Stein und klein schneiden. Die
Orange auspressen. Die Vanilleschote
längs aufschneiden, das Mark herauskratzen. Cashews, Mangofruchtfleisch,
Orangensaft und Vanillemark im Mixer
(oder in einem hohen Gefäß mit dem
Pürierstab) fein pürieren.

▪ So viel kaltes Wasser untermischen,
dass ein cremiger Smoothie entsteht.
Mit Honig abschmecken.

Exotic Smoothie

Ananas, Papaya und Mango schenken wertvolle Vitalstoffe für einen schwungvollen Start in den Tag.

Zubereitung: 15 Minuten
Ergibt 4 Portionen

Zutaten

150 g frische Ananas | 1 Papaya
1 Mango | 2 EL Zitronensaft | 1 EL Honig
1 EL Kokosflocken | 400 ml Orangensaft
(frisch gepresst oder fertig gekauft)

Die Ananas schälen und vom Strunk befreien. Die Papaya schälen und die Kerne entfernen. Die Mango schälen und das Fruchtfleisch vom Stein schneiden. Ananas-, Papaya- und Mangofruchtfleisch mit Zitronensaft, Honig, Kokosflocken und Orangensaft im Mixer (oder in einem hohen Gefäß mit dem Pürierstab) fein pürieren.

Himbeer-Bananen-Drink

Dieser Drink ist vom Aroma her der Knaller! Und gesund ist er obendrein.

Zubereitung: 15 Minuten
Ergibt 4 Portionen

Zutaten

250 g Himbeeren (frisch oder tiefgekühlt und aufgetaut)
1 reife Banane
Saft von 1 Limette
1 EL Granatapfelsirup
400 ml Orangensaft (frisch gepresst oder fertig gekauft)

Die Himbeeren durch ein Sieb streichen, die Kerne wegwerfen. Die Banane schälen und klein schneiden. Himbeermark, Banane, Limettensaft, Granatapfelsirup und Orangensaft im Mixer (oder in einem hohen Gefäß mit dem Pürierstab) fein pürieren.

Espresso-Flan

Zubereitung: 45 Minuten
Ergibt 6 Portionen

Zutaten

650 ml Milch
3 EL Zucker
1 Vanilleschote
40 ml starker Espresso
2 Eier
2 Eigelb
6 EL Kaffeelikör (nach Belieben)

▌ In einem Topf 500 ml Milch mit dem Zucker erhitzen. Die Vanilleschote längs aufschneiden, das Mark herauskratzen und samt Schote dazugeben. 2 Minuten schwach kochen lassen. Die Vanilleschote entfernen, den Espresso unterrühren.

▌ Eier und Eigelb in einer Schüssel verrühren (nicht schaumig schlagen!) und die Espressomilch unter ständigem Rühren hinzufügen, dann vollständig auskühlen lassen.

▌ Den Backofen auf 180 °C vorheizen. Eine ofenfeste Form für das Wasserbad bereitstellen. Sechs ofenfeste Tassen à 100 ml Inhalt hineinstellen und die Eiermischung einfüllen. So viel heißes Wasser angießen, dass die Tassen zwei Drittel hoch im Wasser stehen. In etwa 30 Minuten im Ofen stocken lassen. Herausnehmen und kalt stellen.

▌ Zum Servieren die übrige Milch erwärmen und aufschäumen. Auf jeden Espresso-Flan 1 EL Kaffeelikör gießen und 1 EL Milchschaum daraufsetzen.

Erdbeer-Rhabarber-Grütze

Zubereitung: 30 Minuten
Kühlen 2 Stunden
Ergibt 4 Portionen

Zutaten

250 g junger Rhabarber
5 EL Zucker
250 g Erdbeeren
2 EL Zitronensaft
2 EL Speisestärke
2 Eigelb
1 Ei
250 ml Milch
1 Vanilleschote

▌ Den Rhabarber waschen und in Stücke schneiden. In einem Topf mit 2 EL Zucker mischen und zugedeckt 15 Minuten Saft ziehen lassen. Inzwischen die Erdbeeren waschen, entkelchen und je nach Größe halbieren oder vierteln. In einer Schüssel mit 1 EL Zucker und dem Zitronensaft mischen.

▌ Den Rhabarber mit 250 ml Wasser aufkochen und 2–3 Minuten kochen lassen. Die Speisestärke mit 4 EL kaltem Wasser glatt rühren, untermischen und den Rhabarber unter ständigem Rühren in etwa 2 Minuten sämig einkochen. Die Erdbeeren untermengen. Etwas abgekühlt in vier Gläser oder Schalen füllen und für 2 Stunden kalt stellen.

▌ Für die Vanillesauce Eigelb, Ei, Milch und 2 EL Zucker in einem Topf verrühren. Die Vanilleschote längs aufschneiden, das Mark herauskratzen und dazugeben. Unter ständigem Rühren langsam bis kurz vor dem Siedepunkt erhitzen, bis die Sauce eindickt. Abgekühlt zur Erdbeer-Rhabarber-Grütze servieren.

Joghurtcreme mit süßem Mohnpesto

Die sahnige Creme mit dem zarten Vanillearoma lässt sich auf vielfältige Weise zu immer neuen unkomplizierten Desserts abwandeln.

Zubereitung: 20 Minuten
Kühlen: 12 Stunden
Ergibt 6 Portionen

Zutaten

Für die Joghurtcreme
200 g Sahne
1 kg Vollmilchjoghurt
2 EL Zucker
1 Vanilleschote

Für das Mohnpesto
100 g Orangeat
4 EL Orangenlikör (alternativ Orangensaft)
1 Orange
60 g Mohnsamen
2 EL Zucker
1 Vanilleschote

▌ Für die Creme am Vortag die Sahne cremig aufschlagen. Joghurt und Zucker in eine Schüssel geben. Die Vanilleschote längs aufschneiden, das Mark herauskratzen, dazugeben und unterrühren. Die Sahne sorgfältig unterziehen. Ein Sieb mit einem Stoffküchentuch auslegen, die Joghurtmischung einfüllen und mit den Tuchecken abdecken. Das Sieb in eine Schüssel hängen und über Nacht in den Kühlschrank stellen, damit die Molke abtropfen kann.

▌ Am Brunch-Tag für das Pesto das Orangeat sehr fein hacken und mit dem Orangenlikör mischen. Die Orange auspressen (ergibt etwa 100 ml). Den Mohn mit dem Zucker in den Blitzhacker geben. Die Vanilleschote längs aufschneiden, das Mark herauskratzen, hinzufügen und alles fein mahlen. Die Mohmischung in eine Schüssel geben und das Orangeat samt Likör und Orangensaft unterrühren.

▌ Den cremigen Joghurt in Gläser oder Schälchen verteilen und das Mohnpesto darübergeben.

Variante: Statt des Mohnpestos schmecken auch mit Orangenlikör marinierte Erdbeeren ganz köstlich zum Joghurt. Oder mit Cassis (Johannisbeerlikör) marinierte gemischte Beeren. Wenn Kinder mitessen, lassen Sie den Likör einfach weg und marinieren stattdessen mit Orangensaft und ein wenig Zucker.

Kokos-Panna-cotta

Zubereitung: 25 Minuten
Kühlen: 2 Stunden
Ergibt 6 Portionen

Zutaten

2 EL Kokosraspel
1½ EL Zucker
3–4 EL Limettensaft
4 Blätter weiße Gelatine
1 Dose Kokosmilch (400 ml)
200 g Cream of Coconut
(aus der Dose; Spirituosenregal
im Supermarkt)
1 Babyananas
2 TL neutrales Öl
etwa 2 TL brauner Zucker

▌ Die Kokosraspel und ½ EL Zucker mischen. Den Rand von sechs Gläschen erst in Limettensaft und dann in die Kokos-Zucker-Mischung tunken, sodass ein dekorativer Rand entsteht.

▌ Die Gelatine für 10 Minuten in kaltem Wasser einweichen. Die Kokosmilch und Cream of Coconut in einem Topf mit 1 EL Zucker verrühren und bis kurz vor dem Siedepunkt erhitzen. Den Topf vom Herd nehmen. Die Gelatine ausdrücken, hinzufügen und mit dem Schneebesen unterrühren. Die Flüssigkeit mit Limettensaft abschmecken, in ein Gefäß mit Ausgießer füllen, vorsichtig in die Gläser gießen und für etwa für 2 Stunden kalt stellen.

▌ Die Babyananas von Schopf und Schale befreien, in dünne Scheiben schneiden und den Strunk ausstechen. Eine Grillpfanne erhitzen, die Stege einölen. Die Ananasscheiben mit braunem Zucker bestreuen und von jeder Seite 1–2 Minuten grillen. Warm zur Kokos-Panna-cotta servieren.

Sanddornmousse

Zubereitung: 25 Minuten
Kühlen: 2 Stunden 15 Minuten
Ergibt 6 Portionen

Zutaten

4 Blatt weiße Gelatine
150 ml Sanddorn mit Honig (Fruchtsauce, beispielsweise von Alnatura)
200 g Sahne
5 EL Puderzucker
1 EL Zitronensaft
250 g Sahnequark (40 % Fett)
1 Päckchen Vanillezucker
2 EL Sesam

▌ Die Gelatine 10 Minuten in kaltem Wasser einerwärmen, aber nicht kochen lassen. Die Gelatine ausdrücken und unter Rühren in der Sanddornsauce auflösen. Für 15 Minuten kalt stellen.

▌ Die Sahne mit 1 EL Puderzucker steif schlagen. Zitronensaft und Quark unter die Fruchtsauce rühren und die Sahne unterheben. Die Mousse in Gläser oder Schalen füllen und zugedeckt für 2 Stunden kalt stellen.

▌ Den übrigen Puderzucker, Vanillezucker und Sesam in einer Pfanne bei mittlerer Hitze zu hellem Karamell schmelzen. Ein Brett mit Backpapier belegen, den Sesamkaramell daraufgießen und dünn verstreichen. Abgekühlt in spitze Dreiecke schneiden und die Sanddorncreme damit garnieren.

Ziegenkäse-Flan mit Rosmarinhonig

Das ungewöhnliche Dessert besticht durch eine dezent-würzige Note, die besonders bei den Gästen beliebt ist, die es weniger süß bevorzugen.

Zubereitung: 45 Minuten
Kühlen: 2 Stunden
Ergibt 8 Portionen

Zutaten

8 Eigelb
3 EL Zucker
150 g Ziegenfrischkäse
400 g Sahne
2 Vanilleschoten
1 Zweig Rosmarin
60 g flüssiger Honig
Salz

▌ Den Backofen auf 180 °C vorheizen. Das Eigelb, den Zucker, den Ziegenfrischkäse und die Sahne in den Mixer geben. Die Vanilleschoten längs aufschneiden, das Mark auskratzen und dazugeben, alles gut durchmixen.

▌ Acht ofenfeste Gläser à 120 ml Inhalt in eine ofenfeste Form für das Wasserbad stellen. Die Sahnemischung in die Gläschen füllen (geht am besten mit einem Gefäß mit Ausgießer). So viel heißes Wasser in die Form gießen, dass die Gläschen zwei Drittel hoch im Wasser stehen. Etwa 25 Minuten im Ofen garen, bis die Masse gestockt ist. Die Gläschen herausnehmen, abkühlen lassen und für mindestens 2 Stunden zugedeckt kalt stellen.

▌ Den Rosmarin heiß abwaschen und trocken tupfen. Die Blätter abzupfen und fein hacken. Den Honig im heißen Wasserbad erwärmen, 1 Msp. Salz und den Rosmarin unterrühren. Vor dem Servieren lauwarm abgekühlt auf den Flans verteilen.

Variante: Statt des Rosmarinhonigs können Sie die Ziegenfrischkäse-Flans auch mit einer knackigen Zuckerschicht überkrusten: Vor dem Servieren auf jedem Flan 1 TL braunen Zucker verteilen und mithilfe eines Gasbrenners karamellisieren.

Kiwi-Eierlikör-Creme

Zubereitung: 30 Minuten
Ergibt 8 Portionen

Zutaten

8 Kiwis
60 g Amarettini (italienische Mandelbaisers)
100 g Sahne
3 EL Puderzucker
250 g Mascarpone
12 EL Eierlikör

▌ Die Kiwis schälen, klein würfeln und in acht Gläser füllen. Die Amarettini darüberbröseln. Die Sahne mit 1 EL Puderzucker steif schlagen.

▌ Den Mascarpone mit 2 EL Puderzucker in eine Rührschüssel geben. 4 EL Eierlikör hinzufügen und alles mit dem Schneebesen glatt verrühren. Die Schlagsahne unterziehen und die Creme auf die Amarettini geben. Zugedeckt kalt stellen.

▌ Vor dem Servieren über jede Portion Mascarponecreme 1 EL Eierlikör träufeln.

Gewürz-Mousse-au-Chocolat

Zubereitung: 25 Minuten
Kühlen: 2 Stunden
Ergibt 8 Portionen

Zutaten

200 g Bitterschokolade (mind. 70 % Kakao)
4–5 Paranüsse (20 g)
2 unbehandelte Orangen
4 sehr frische Eier
4 EL Puderzucker
Salz
200 g Sahne
1 TL gemahlener Zimt
⅛ TL gemahlener Kardamom
1 Prise gemahlene Gewürznelke
1 Vanilleschote

▌ Die Schokolade in Stücke zerbrechen und im heißen Wasserbad schmelzen. Die Paranüsse feinblättrig schneiden. Die Orangen heiß abwaschen, abtrocknen und die Schale mit einem Zestenreißer in feinen Spänen abziehen.

▌ Die Eier trennen. Das Eiweiß mit 1 EL Puderzucker und einer Prise Salz steif schlagen. Die Sahne mit 1 EL Puderzucker steif schlagen.

▌ Das Eigelb mit 2 EL Puderzucker und den Gewürzen in eine Rührschüssel geben. Die Vanilleschote längs aufschneiden, das Mark herauskratzen und dazugeben. Mit dem Handrührgerät in etwa 3 Minuten schaumig aufschlagen. Geschmolzene Schokolade, Paranüsse und die Hälfte der Orangenzesten unterrühren. Erst die Schlagsahne, dann den Eischnee mit einem Teigspatel unterheben. Die Mousse in acht Gläser füllen, mit den übrigen Orangenzesten garnieren und zugedeckt für mindestens 2 Stunden kalt stellen.

Aprikosen-Trifle

Zubereitung: 45 Minuten
Abkühlen: 1 Stunde
Ergibt 12 Portionen

Zutaten

1 kg reife Aprikosen
4 EL Zucker
Saft von 1 Zitrone
800 g Sahne
2 EL lösliches Espressopulver
125 ml Marillenlikör (alternativ 100 ml
Aprikosensaft und 4 EL Zitronensaft)
1 Wiener Boden
(fertiger Biskuit, 400 g)
50 g Zartbitterschokolade
(nach Belieben)

Die Aprikosen waschen, entsteinen und in Spalten schneiden. In einem Topf mit 2 EL Zucker und dem Zitronensaft mischen und 10 Minuten Saft ziehen lassen. Dann einmal aufkochen lassen, vom Herd nehmen und 1 Stunde abkühlen lassen.

Die Sahne mit 2 EL Zucker und dem Espressopulver steif schlagen. Die Aprikosen in ein Sieb abgießen, den Saft dabei auffangen und mit dem Marillenlikör mischen.

Die Hälfte des Biskuits in eine große Glasschüssel bröckeln und mit der Hälfte der Likörmischung beträufeln. Die Hälfte der Espressosahne darauf verteilen und die Hälfte der Aprikosen daraufgeben. Den restlichen Biskuit darüberbröseln, mit Likörmischung tränken, die übrige Espressosahne daraufgeben und mit den übrigen Aprikosenspalten garnieren. Abgedeckt im Kühlschrank durchziehen lassen.

Nach Belieben vor dem Servieren von der Schokolade mit dem Sparschäler Späne abhobeln und die Desserts damit garnieren.

Portwein-Zwetschgen-Trifle

Zubereitung: 45 Minuten
Ergibt 8 Portionen

Zutaten

300 g Zwetschgen
125 ml roter Portwein
1 Zimtstange | 200 g Sahne
4 EL Puderzucker
250 g Doppelrahmfrischkäse
1 Päckchen Vanillezucker
200 g Cantuccini
(italienische Mandelkekse)
50 g weiße Schokolade

Die Zwetschgen waschen, entsteinen und vierteln. Mit dem Portwein und der Zimtstange in einen Topf geben, einmal aufkochen lassen, vom Herd ziehen und abkühlen lassen.

Die Sahne mit 1 EL Puderzucker steif schlagen. Den Frischkäse mit dem übrigen Puderzucker und dem Vanillezucker glatt rühren und die Schlagsahne unterheben.

Die Cantuccini in acht Gläser bröckeln. Die Portweinzwetschgen samt Saft darauf verteilen (Zimtstange wegwerfen) und die Creme darübergeben. Von der Schokolade mit dem Sparschäler Späne abhobeln und die Desserts damit garnieren.

Valencianische Orangentorte

Mit aromatischen Orangen aus dem sonnigen Süden sowohl optisch als auch geschmacklich ein Highlight Ihres Brunch-Büfetts.

Zubereitung: 1 Stunde 15 Minuten
Ergibt 10 Stücke

Zutaten

Für den Teig
250 g Mehl, plus Mehl für die Form
60 g Zucker
Salz
1 Ei
1 Eigelb
100 g kalte Butter, plus Butter
für die Form

Für den Belag
5 Orangen, 2 davon unbehandelt
5 große Eier
150 g Zucker
50 g Butter
3 EL Orangenmarmelade

❚ Für den Teig das Mehl, den Zucker, eine kleine Prise Salz, das Ei, das Eigelb und die in Stückchen geschnittene Butter auf der Arbeitsfläche zu einem glatten Teig verkneten. In Folie gewickelt für 30 Minuten kalt stellen.

❚ Den Backofen auf 180 °C vorheizen, eine Springform mit 30 cm Durchmesser ausbuttern und mit Mehl bestauben. Den Teig auf der bemehlten Arbeitsfläche etwas größer als die Form ausrollen, einlegen und einen etwa 1 cm hohen Rand formen. Den Teigboden mehrfach mit einer Gabel einstechen und 10 Minuten im Ofen backen.

❚ Die unbehandelten Orangen beiseitelegen, die übrigen auspressen. Den Orangensaft mit den Eiern und 100 g Zucker in einem Topf bei niedriger Temperatur unter ständigem Rühren bis knapp unter den Siedepunkt erwärmen (nicht kochen lassen!), bis die Masse dickcremig wird. Die Butter in Flöckchen unterrühren.

❚ Die Form kurz aus dem Ofen nehmen, die Orangencreme auf dem Teigboden verteilen und den Kuchen in weiteren 20 Minuten fertig backen.

❚ Die unbehandelten Orangen heiß abwaschen, abtrocknen und in dünne Scheiben schneiden. 50 g Zucker mit 150 ml Wasser in einer großen Pfanne erhitzen, bis sich der Zucker gelöst hat. Die Orangenscheiben hineingeben, einmal aufkochen und abkühlen lassen. Dann dachziegelförmig auf dem lauwarm abgekühlten Kuchen anordnen. Die Marmelade erwärmen und die Orangenscheiben damit glasieren.

Register

Einfach

&anders

160 Seiten
ca. 120 Abb.
19,0 x 28,5 cm
Klappen-
broschur

ISBN 978-3-86244-262-1

ISBN 978-3-86244-319-2

ISBN 978-3-86244-480-9

ISBN 978-3-86244-223-2

ISBN 978-3-86244-008-5

ISBN 978-3-86244-212-6

ISBN 978-3-86244-131-0

ISBN 978-3-86244-214-0

ISBN 978-3-86244-231-7

ISBN 978-3-86244-209-6

ISBN 978-3-86244-224-9

ISBN 978-3-86244-145-7